슬픈 바그다드

7000년 수난과 저항의 역사

슬픈 바그다드

7000년 수난과 저항의 역사

권삼윤 지음

꿈엔들

보고 싶은 사미르

보고 싶은 사미르

바그다드의 밤하늘에 섬광이 쉴새없이 번쩍이고 시꺼먼 연기와 함께 폭격을 맞아 형체도 알아 볼 수 없는 건물과 가옥들이 TV화면을 한동안 가득 채우더니 개전 20여 일만에 바그다드가 미군에 함락됐다는 소식을 들었습니다. 나는 바그다드라는 말만 들려도 자나깨나 당신 안부가 궁금하답니다. 무사하신 거죠.

만난 지 이틀째 되던 날 우리는 이라크박물관을 찾아갔습니다. 그때 당신은 나부(Nabu) 신상 앞에서 포즈를 취했고요. 나는 지금 당신의 사진을 꺼내 보고 있소. 언제 있을지 모르는 공습에 대비하여 유물들을 안전한 곳으로 대피시킨 까닭에 커다란 석상들만 어두운 전시실을 채우고 있었는데, 그때 나부 신상 앞에 서서 내게 사진을 찍어달라고 했으니 당신도 기억이 날 겁니다.

평소에도 참고 견디는 훈련을 게을리 하지 않는다는 당신. 걸프만에서 지중해에 이르는 광대한 영토를 거느렸던 아시리아 제국이 수호신상으로 삼았다는 나부 신상을 보자 '저 신상이 나와 우리 이라크를 지켜줄 것'이라고 했죠. 그것은 그만큼 당신의 삶이 고단하다는 것을 반증하는 것일 텐데도 내게 그런 내색을 한번도 보이지 않다가 나부 신상 앞에서 비로소 당신의 속내를 드러내 보였습니다. 나부신의 가호에 힘입어 지금의 어려움을 무사히 넘기시기를 진심으로 빕니다.

내가 이라크를 찾았던 이유는 당신도 잘 알고 있듯이 찬란한 고대 문명의 유적들을 내 눈으로 직접 확인하고 싶었기 때문이었습니다. 그래서 이라크박물관을 찾았던 다음날 당신의 안내를 받으며 바빌론을 찾았던 것이 아닙니까. 그 날의 바빌론 방문이 내게 처음이 아니었기에 그 전과 비교할 수 있는 좋은 기회이기도 했는데, 그게 나를 더욱 안타깝게 만들었다는 것은 아마 당신도 기억하고 있을 겁니다.

바빌로니아 제국의 왕도로서, 그 시절의 성벽 흔적은 물론 세계 최초의 아스팔트 도로, 세계 7대 불가사의의 하나로 꼽혔던 공중정원의 기단, 아름답고 화려했다는 남(南)궁전, 저 유명한 바벨탑의 현장이자 바빌로니아인들이 여러 신성한 동물들을 광택 타일로 새겨놓은 이시타르 성문 등 어느 하나 예사롭지 않는 바빌론 유적지인데도 찾는 이 하나 없고, 먼지만 뒤집어쓰고 있는 레스토랑의 모습은 걸프전 이전과는 아주 딴판이라 나를 슬프게 했습니다.

나는 고대문명 유적이 이렇게 홀대받아도 되는가 하며 원론적인 수준에서 비분강개한 데 반해 당신은 "전쟁은 살아 있는 사람들뿐만 아니라 말없는 문화유산까지 죽이고 있다"고 애통해했습니다. 이라크의 고대문명 유적은 흙벽돌로 축조된 것이라 돌로 된 이집트의 것과는 달리 직접 포격을 받지 않더라도 진동이나 수재, 오랫동안의 관리 부재만으로도 치명적인 손상을 입을 수 있는데, 걸프전 이후의 오랜 경제봉쇄로 하루하루를 버텨내기 힘든 처지에 어찌 문화재에까지 신경을 쓸 수 있겠느냐며 이라크의 현실을 토로했을 때, 나는 정말 어찌할 바를 몰랐습니다. 내가 그곳을 다녀온 지도 어언 7년이 지났고, 지금은 최첨단 무기까지 동원된 전쟁이 벌어졌으니 그곳 사정은 보지 않아도 눈에 훤합니다.

우리는 북부 도시 모술을 다녀왔죠. 가는 길에 사마라에 있는 거대한 미나레트(첨탑)와 초원 속에 졸고 있는 듯한 이라크 유일의 세계 문화유산 하트라 유적을 찾기도 했죠. 미나레트에 오르고자 주위에 둘러쳐진 철망을 넘다 내가 입고 있던 점퍼의 소매 부분이 찢어졌던 것은 기억하시죠. 그때 당신은 "이 정도는 흔적도 없이 기울 수 있다"고 큰소리 쳤으니까 말이오. 정말 당신은 바그다드로 돌아오자마자 나를 시장골목으로 데리고 가서는 어느 수선집에서 흔적도 없이 고쳐 주었지요. 이라크에선 모든 것이 귀해 수선기술만큼은 세계 최고라는 말을 해주면서 말입니다.

모술에 밤이 찾아들자 내가 맥주 이야기를 꺼냈죠. 이슬람 국가에서는 술을 마시지 않는다는 것을 잘 알면서도. 그러자 당신은 같이 나가자며 거리로 나가서는 알콜 없는 맥주를 구해 주었죠. 그걸 호텔에서 마시면 안 된다며 다음날 아침 눈을 뜨자마자 빈병부터 치우던 당신 모습이 생각납니다.

　다음날 우리는 아시리아 제국의 도읍지를 찾아 나섰습니다. 그런데 당신은 예정에도 없는 일을 그만 저지르고 말았습니다. 모술박물관으로 나를 데리고 가 책임자에게 인사를 시키고는 그에게 담당자 한 사람을 현장까지 동행시켜 달라고 부탁해, 나를 놀라게 한 일 말입니다. 덕분에 나는 세계 고고학사에 길이 빛나는 님누드, 니느베, 코르사바드 유적지를 전문가의 설명을 들으며 답사할 수 있었죠. 그곳은 걸프전 때 직접적인 피해를 입지 않았지만 역시 관리부재가 문제였다는 것은 당신도 알고 있을 겁니다.

　19세기 중엽 영국과 프랑스 발굴팀이 아시리아의 수호신상과 아슈르바니팔 대왕의 사자사냥도, 그 외의 수많은 설형문자 점토판 문서들을 자기네 나라로 가져가 정작 그 현장은 껍데기만 남은 꼴이라

는 건 이미 우리가 확인한 바 아닙니까. 이번 전쟁으로 그 껍데기마
저 사라져 버린다면 우리는 어디서 그때의 찬란했던 역사를 더듬어
보아야 할까요? 이런 시기를 틈타 약삭빠른 자들은 문화재 약탈과 도
굴을 감행했습니다. 이미 세계 골동품 시장에는 이라크의 보물들이
나돌고 있다는 이야기가 떠돌고 있습니다.

　15세기 말 에스파냐의 이사벨라 여왕은 자기네 땅에서 이슬람 세
력을 모조리 물리치면서도 그들이 남긴 알함브라 궁전만은 화살 하
나 쏘지 말고 손에 넣으라는 명령을 내린 바 있고, 중국 대륙을 정복
한 몽골은 "아름다운 항저우(杭州, 남송의 수도)가 이미 우리 손에 들
어왔는데 굳이 손댈 필요가 있겠습니까"라는 현지 사령관의 진언을
받아들여 손 하나 대지 않았다고 하죠.

　그런 몽골이 후일 바그다드를 초토화시킨 것은 예외였습니다. 칭
기스칸의 손자 훌레구가 "순순히 항복하면 살려 줄 것이나 그렇지 않
으면 모조리 쓸어버리겠다"고 했는데, 바그다드 시민들이 결사항전
하자 무자비하게 짓밟았다는 이야기가 전해 내려오고 있습니다. 이
번 바그다드 함락 후의 무정부상태에서 보여준 문화재 약탈행위를
보며 눈물을 흘렸습니다.

보고 싶은 사미르

당신을 처음 만난 날, 내가 무슨 말을 했는지 아직 기억하고 있겠죠. 그때 나는 우르에 꼭 가보아야 한다고 했죠. 그곳은 인류 최초의 문명이라는 수메르 문명이 남긴 계단식 피라미드인 지구라트가 있는 곳이자, 20세기 초 세계 고고학계를 깜짝 놀라게 한 수메르 시대의 황금 유물이 쏟아져 나온 우르 왕묘가 있는 곳이고, 구약에 아브라함의 고향이라 기록된 '갈대아 우르' 땅이기에 문명을 연구하는 나로서는 반드시 찾아야 할 곳이라고 몇 번씩 힘주어 말했으니 기억하고 있으리라 믿습니다.

우르가 있는 이라크의 남부 지역은 치안상태가 좋지 않아 외국인이 찾기에 너무 위험하다고 모두들 말리는데도 불구하고, 당신은 "미스터 권이 간다면 이라크의 그 어느 곳이라도 동행해 주겠다"고 했죠. 나는 그 말에 용기를 얻어 우르를 향해 떠났답니다.

그곳으로 가는 길에 당신은 또 한번 나를 놀라게 했죠. 나시리아 주정부 청사에 들러 문화재 담당을 만나 현장에 동행해달라고 부탁한 일 말입니다. 그가 있었기에 유적지를 지키는 군부대의 협조를 얻을 수 있었고, 현장에서 설명까지 들을 수 있었으니까 당신은 내게 정말 큰 일을 해주었습니다.

나는 지금 또 한 장의 사진을 꺼내들고 있습니다. 우리가 지구라트 벽면에 새겨진 설형문자 흔적을 보고는 계단 위에서 함께 찍은 사진 말입니다. 그곳에서 우리는 상단 부분이 없어져 마치 민둥산처럼 생긴 꼭대기에 올라 드넓게 펼쳐진 시날평원을 내려다보며 문명이 시작됐던 그 시절을 한번 그려보았죠. 지구라트가 신전이었다면 그 아래로 많이 사람들이 모여 제사를 올렸을 것이라는 이야기를 나누면서 말입니다.

관리인 바이프가 지구라트의 벽에 난 탄흔을 손으로 가리키며 걸프전 때의 상처라고 한 말이 떠오르는데, 이번에는 또 무슨 일이 생겼나 궁금합니다. 정말 무사해야 할 텐데 말입니다.

이라크는 지금 큰 시련을 겪고 있습니다. 이런 시련이 어디 한두 번이었나요. 이번에도 희생은 크겠지만 살아날 겁니다. 세계의 많은 사람들도 하루 빨리 이라크에 평화가 찾아들기를 기원하고 있습니다. 용기를 가지십시오. 그때 나는 당신을 만나기 위해서라도 이라크를 다시 찾을 것입니다. 그때까지 제발 무사하기를 빕니다.

당신의 한국 친구가
2003년 4월 15일

목차

그래도 티그리스강은 흐른다

슬픔은 결국 찾아오고 말았다.

　이역의 땅에서 벌어진 패륜적 전쟁 소식에도 결코 눈물은 흐르지 않았다. 실감으로 오지 않는 슬픔의 부재는 무엇 때문일까? 지구에서 가장 오래된 문명의 역사를 가진 땅에 또 하나의 상처가 새겨졌지만, 그것이 아직은 전이되지 않은 이유였을까. 어쩌면 정보의 과잉이 주는 무감각이고 싶다.

　첨단무기도, 모래폭풍도, 불타는 유전도 그리고 바그다드의 붕괴까지도 전쟁영화의 장면처럼 밋밋하게 스칠 뿐이었다. 세계 도처에서 일어나는 반전운동마저 봄날의 황사만큼도 눈물샘을 자극하지 못했다. 그 와중에도 우리는 벚꽃의 눈부심과 라일락의 향기를 찾는 '냉혈한'이었다. 그러나 결국 슬픔은 찾아왔다.

　놀랍게도 그 슬픔은 사람을 향한 것이 아니었다. 인명(人命)의 소멸에 대한 눈물이 아니었다. 우습게도 슬픔의 원인은 문화재였다. 골동품들을 목숨보다 더 소중하게 생각한단 말인가? 그렇다면 이 야만성을 어떻게 변명할 것인가. 아직까지 그 대답은 없다. 다만 그 눈물 속에는 바그다드의 한 박물관이 선명하게 맺혀있을 뿐이었다.

　위대한 알라(Ala)조차 인간들의 천박한 욕망 앞에는 속수무책이었을 것이다. 이라크박물관에 난입하여 30만여 점의 세계적인 문화재를 훔쳐가는 장면. 아! 그것을 어찌 인류 최대의 문화참사라고만 할 것인가. 어떻게 약탈이라는 한마디로 쉽게 줄여서 쓸 수 있단 말인가. 문명의 탯줄이 끊어지고 인류의 배꼽이 지워지는 사건을 속수무책으로 바라보면서 누가 울지 않을 수 있을까.

자살폭격이 전문인 사람들이 선택한 최후의 자살행위는 아이러니컬하게도 그들의 박물관에 대한 테러였다. 생존에 저당잡힌 사람들의 몸부림이라고 하기에는 그 허무가 너무나 컸다. 박물관 전시물 중엔 후세인의 피를 모아 기록했다는 코란이 있었다. 그 코란이 남아있는지 모르지만, 신에 대한 인간의 도전은 결국 '피의 기록' 임을 증거하고 있다. 바그다드여, 슬픈 바그다드여. 그대들이 앞으로 기록해야할 역사의 증거들은 이제 그 뿌리까지 뽑혀 불쏘시개가 되었구나. 무엇으로 역사를 기록할 것인가!

모든 인류의 문명은 메소포타미아에 빚지고 있다.

비옥한 초승달 지역은 문명의 강자들이 들르던 주막이었다. 7천 년 전에 이미 우바드인들에 의해 자리잡힌 그곳을 수메르인들이 빼앗아 셈족의 땅으로 만들었다. 메소포타미아의 상처는 5천 년 전 철기문명을 이룬 아시리아에 의해 더욱 깊어졌다. 이어서 이란의 페르시아와 마케도니아의 위대한 정복자 알렉산더 그리고 사산조 페르시아와 셀주크 투르크가 차례로 침략의 발걸음을 들여놓았다. 그럼에도 불구하고 메소포타미아평

아시리아 제국 시대
에 만들어진 님누드
의 모나리자. 이라크
박물관 소장.

원의 사람들은 구(舊)바빌로니아와 신(新)바빌로니아의 찬란한 문명을 발판으로 다양한 문명의 결정체를 탄생시켰다.

그러한 역사 속에서 우리는 위대한 영웅들과 조우하게 된다. 전설과 신화의 주인공 길가메시, 사계(四界)의 왕이라 불리던 사르곤, 함무라비 법전으로 유명한 바빌로니아의 현명한 통치자 함무라비, 아시리아의 선왕 아슈르바니팔, 구약성서에 느부갓네살로 나오는 신바빌로니아의 네부카드네자르 대왕, 페르시아의 키로스(고레스) 대왕과 다리우스 1세, 마케도니아의 영웅 알렉산더 대왕, 몽골의 군주 훌레구와 티무르, 아랍의 영웅 살라딘, 고구려 유민으로 당의 장군인 고선지는 물론 그 외에 우리의 귀에 익숙한 아브라함 · 마호메트 · 알리 · 이븐 바투타 · 마르코 폴로 등을 만난다.

메소포타미아의 문명은 이슬람 세계 속에서 더욱 빛난다. 그러나 몽골의 침략으로 쉼표를 찍어야 했다. 바그다드에게 가장 큰 상처를 준 침입자는 누구인가. 역사가들은 이구동성으로 몽골이라고 답할 것이다. 굳이 역사가들에게 물을 것도 없다. 바그다드 사람들에게 몽골의 기억은 아직도 지워지지 않는 상흔임이 이번 전쟁에서 확인할 수 있었다.

미국에 의한 바그다드 함락이 눈물이라면, 몽골의 바그다드 함락은 통곡이었다. 백만 명의 바그다드 인구 중 80만 명이 죽은 참패를 어찌 잊을 수 있을까. 몽골의 침략을 뼈에 새길 만큼 기억하는 이라크 국민들의 모습을 우리는 후세인을 비롯한 여러 아랍인들을 통해서 알 수 있었다.

바그다드가 수도로 된 후 가장 먼저 침략을 당한 것은 몽골에 의해서였다. 그것은 칼리프 시대의 종결을 의미하기도 한다. 바그다드를 비롯한 이슬람 세계의 참혹한 핍박은 몽골 제국에 대한 패배로 인해 찾아왔다. 그리고 그것은 이슬람의 가장 치욕스런 역사였다. 재미있는 사실은 몽골이 기독교적 입장에서 이슬람을 공격하였을 수도 있었다는 점이다.

몽골과 티무르 이후에도 바그다드에 대한 열강의 향수는 중세 이후에도 그치지 않았다. 16세기 이란 지방에서 나라를 세

아시리아 왕의 사자
사냥도. 이라크 박물
관 소장.

운 사파비 왕조의 침략을 받았고, 그 후 오스만 투르크에 이어
근대화 과정에서는 제1차 세계대전을 치르고 영국의 지배를 받
았다. 이라크공화국으로 오늘날에 이른 '슬픈 바그다드'의 역
사는 현재진행형으로 남아있다.

　750년 전 몽골의 악몽이 이번 전쟁에서 다시 살아났다. 대
상만 미국과 영국으로 바뀐 것이다. 첨단과학의 폭격장면을 실
시간으로 봐야하는 허무를 무엇으로 극복할 것인가.

　이라크전쟁의 결과와 상관없이 승자와 패자는 없다고 본다.

바그다드 시내로
티그리스강이
유유히 흐른다.

왜냐하면 남아있는 불씨가 너무 뜨겁기 때문이다. 그 불씨 속에 감추어진 테러와 문명의 충돌 그리고 국제사회의 역학관계 등은 언제 터질지 모르는 뇌관으로 달궈져 있다. 사실 전쟁은 정의가 문제이지, 강자와 약자의 편가르기가 아니다. 그럼에도 불구하고 지금의 지구촌은 빼앗아먹기와 편가르기 놀이에 여념이 없다. 미국이 전쟁을 일으킨 이유가 불확실성의 회피에 있든 아니면 석유의 장악에 있든 또는 패권주의에 있든 당분간 공룡의 기세에 대들 용감한 난쟁이들은 없을 것이다.

열강들에 의한 수 없는 유린으로 바그다드의 몸은 창부처럼 찢겨졌으나, 오히려 그 정신만은 메소포타미아 밤하늘의 별처럼 빛났다. 인류 최초의 문자인 쐐기문자, 인류 최초의 문학작품인 길가메시 서사시, 인류 최초의 법전, 순종의 정점인 노아의 홍수, 저항의 극점인 바벨탑, 최초의 낙원 에덴동산, 이슬람교와 기독교 그리고 유대교의 아버지 아브라함의 고향 등 그곳은 모든 인류의 뿌리다.

이곳을 건너뛰고 인류는 문명을 말할 수 없다. 이슬람교의 성지, 피라미드의 원형 지구라트, 고대 최고의 도시 바빌론, 환상의 이야기 아라비안나이트... 그러나 이것들의 집산지 이라크박물관은 지금 비어있다. 우리의 가슴도 비어있다. 이 책의 곳곳에 그러한 문명의 흔적들이 녹아있어 빈 곳을 채운다. 전쟁과 문명, 결코 공존할 수 없는 두 개의 틈바구니를 메우기 위해 『슬픈 바그다드』의 기록은 유용할 것이다.

이번 전쟁에서 허약한 민족주의는 자본주의의 갑옷을 입은 제국주의를 이기지 못했다. 그 결과 우리 인류의 고향은 최첨단 무기의 쓰레기통이 됐다. 그래도 티그리스강은 흐른다. 7천 년의 기간 동안 바그다드의 함락은 언제나 역사의 한 부분이었다. 유유히 흐르는 티그리스강과 유프라테스강의 여울처럼 그들에게 이번 전쟁은 또 하나의 급류일 뿐이다. 늘 그렇듯이 지구의 배꼽 바그다드는 또 다른 잉태를 도모하며 7천 년의 역사를 이어갈 것이다.

슬픔은 어디에서 오는가.

동물 중에서 재산을 모으는 종(種)이 벌과 개미와 인간이라고 한다. 또한 같은 종끼리의 전쟁을 하는 동물도 벌과 개미와 인간뿐이라고 한다. 인간에게 욕망의 주머니가 달려있는 한 전쟁은 계속 될 것이다. '슬픈 바그다드'는 계속 재생산 될 것이고, 인류의 슬픔도 그치지 않으리라. 그 슬픔은 어디에서 오는 것일까?

철학자 니체는 "힘이 없는 정의는 의미가 없다"고 했다. 그 말이 맞는다면 우리는 '힘이 있는 불의'에 대해서도 생각해 보아야 할 것이다. 바그다드는 수천 년 동안 힘있는 불의에 저항해 왔다. 그 저항의 힘은 슬픔에서 왔을 수도 있다. 메소포타미아 평원의 경이로움과 아라비아사막의 저편에서 들리는 바람소리, 슬픔은 그곳으로부터 온다. 수난과 저항의 역사 속에서 바그다드는 사막의 낙타처럼 그만의 길을 갈 것이다. 오늘도 티그리스강은 흐른다.

1장

몽골의 침입

아메리칸과 몽골리안

> 서로 차지하기 위해 다투는 황금 산(山)을
> 유프라테스가 내놓지 않는 한
> 세상의 종말은 오지 않는다.

예언자 마호메트(무함마드)의 언행을 기록한 경전 『하디스』에 있는 말이다. 이라크의 석유(황금 산)와 지하드(聖戰)의 관계를 보여주는 내용이다. 마호메트의 예언은 사실일까.

겉으로 드러난 이라크전쟁의 명분은 핵무기에 있다. 후세인 정권이 핵무기를 만들 위험이 크다는 것이다. 그 말이 맞는다면, 핵에 대한 바그다드의 욕구는 이미 750년 전부터 내재했을 가능성이 크다. 그때 바그다드에서 폭발한 핵폭탄의 피해는 너무나 처참했다.

이라크인들은 그 기억을 아직까지 갖고 있음이 분명하다. 미국의 침공이 있은 직후 후세인은 대국민 연설에서 '미국은 현대판 몽골군'이란 표현을 썼다. 전쟁 중 미국의 시사평론지 『포린폴리스』의 「아메리칸 몽골」이란 글에서 파키스탄 학자 후사인 하카니도 '미국은 21세기 판 몽골'이라고 표현했다. 전쟁의 기운이 감돌자 후세인 대통령은 국영 TV와 라디오를 통해 미국의 이라크 공격계획을 13세기 몽골의 바그다드 침략에 빗대어 "바그다드의 주민과 지도자들은 이 시대의 몽골인들을 격퇴하려는 결의에 차있다"고 거듭 주장했다. 그는 "바그다드의 벽에 오르려는 자는 누구든지 실패할 것"이라고 말했다.

　　이번 이라크전쟁은 몽골의 바그다드 점령 상황과 흡사한 점이 아주 많다. 이라크를 공격하기 전 미국이 9·11 테러집단 알카에다를 제거하기 위해 아프가니스탄을 침공하였듯이, 몽골은 바그다드를 치기 전에 강력한 자객집단 이스마일파 아사신의 은둔지를 파괴하였다. 또한 부시 대통령의 경고에 대한 후세인 대통령의 반응은 마치 몽골의 대장군 홀레구의 편지에 대한 칼리프 무스타심의 답장과 너무나 흡사하다. 침략자는 군사적 힘과 경제적 이익 그리고 자국의 정치적 이유로 전쟁을 일으킨 데 반해, 예나 지금이나 바그다드의 대응은 신에 의존한 이슬람적인 것과 빈틈없이 일치한다. 그러나 둘 다 명분없는 침략이었음을 부인하기 어렵다.

　　미군의 전투력은 가공할 만하다. 막강한 첨단무기로 무장한 그들은 세계 최강임이 분명하다. 그러나 당시 몽골군의 위력 또한 지금의 미군과 비교해 뒤떨어지지 않는다. 태어나서 말 타고, 활 쏘고, 사냥하는 것 이외에는 해본 일이 없는 완벽한 싸움 기계 몽골군, 아직 누구에게도 패한 적이 없는 초원의 기병들, 그 12만9천 명의 기마군단은 지금의 핵폭탄만큼이나 파괴력이 대단했다.

　　몽골군의 전투 방법은 매우 독특하다. 칭기스칸은 말했다. "낮에는 늑대의 경계심으로, 밤에는 갈가마귀의 눈으로 지켜라. 싸움에서는 적을 매처럼 덮쳐라." 그들의 최대 무기는 속도와 정보 그리고 전술에 있다. 말과 활을 이용한 스피드는 지금의 미사일에 버금가는 정도로 위력적이었다. 달리는 말 위에서

적을 추격하는 몽골
군. 13세기 페르시아
세밀화.

초승달처럼 휘어진 칼을 들고 스치기만 해도 몸뚱이가 땅에 떨어졌다. 기동성을 이용한 정보는 몽골군이 최고로 여기는 작전 요소이다. 그 정보를 이용해 기습전과 지구전, 진격과 후퇴를 자유자재로 할 수 있었다. 안개처럼 흩어졌다가 적이 방심하면 소나기처럼 나타났다.

유목 전사들에겐 훈련과정이 따로 없다. 초원이나 숲에서의 사냥은 실전과 동일하다. 특히 그들의 사냥몰이는 전투에서 그대로 적용된다. 바그다드에서, 다마스쿠스에서, 북경에서, 헝가리 초원에서, 부하라에서, 사마르칸드에서 사냥몰이는 사육제로 변했다. 당시 몽골을 여행했던 루브룩은 "몽골인들이 사냥하고자 할 때, 그들은 여럿이 모여 사냥감을 그물처럼 에워싸고, 활에 화살을 먹인 후 조금씩 다가간다"고 말했다. 포위 당한 짐승의 공포는 얼마나 컸을까. 몽골인들에게는 맹수의 피가 흘렀고, 그들에게 전투는 생활의 일부분이었다.

몽골군 이전에도 바그다드는 수많은 침략을 받았다. 그러나 푸른 군대(몽골군)는 이전의 아시리아나 알렉산더 또는 페르시

슬픈 바그다드

26

아 군대와 너무나 달랐다. 푸른 군대의 모습은 야차나 저승사자와 흡사했다. 추한 모습에서 풍기는 악취와 갑자기 내지르는 악마적인 비명과 고함은 극도의 공포심을 불러일으켰다. 그것은 몽골군에 의해 의도된 공포였다. 무기라고 해야 작은 활과 휜 칼 그리고 쇠몽둥이가 고작이었다. 멀리 있을 때는 활을 쏘았고, 기습을 할 때는 뒤에서 쇠몽둥이로 뒤통수를 후렸다. 백병전에서는 초승달처럼 휜 칼로 적을 그어댔다. 그들이 입은 가죽옷 속에는 얇은 쇳조각이 박혀있어 칼이나 창이 들어가지 않았다. 몽골 병사들은 달리는 말에서 자유자재로 무기를 다루고, 움직였다. 그들 앞에 쇠락해가는 바그다드의 압바스 왕조가 내세운 '신의 이름으로'는 한낱 구호일 뿐이었다.

황혼의 압바스 왕조

몽골 침략을 받기 전 이라크는 어떤 상황이었을까. 바그다드는 이슬람 세계에서 어떤 위치에 있었는가. 그것을 알기 위해서는 압바스 왕조의 생성과 쇠퇴를 들여다보아야 한다.

압바스 왕조는 정통 칼리프 시대에 대한 혁명으로 시작되었다. 마호메트의 가족만이 칼리프를 승계해야 한다는 게 그들의 주장이다. 칼리프는 이슬람 세계에서 중세의 교황과 같은 지위를 말한다. 그 가족의 일원인 압바스는 우마이야 왕조의 타도를 외치며 지하운동을 하였다. 정통 아랍계 무슬림에 대한 비아랍계 무슬림의 저항이었다.

모스크의 영광이 사라지면서 칼리프 시대도 종말을 고했다.

마호메트에게는 아들이 없었다. 알리파가 강력한 정치세력을 형성하고 있던 이라크에서는 새로운 교리가 나타났다. 알리 가문의 인물이 장차 돌아올 것이라는 사상이다. 아랍 정복자들과 비아랍계 무슬림들 사이의 갈등이 이라크를 중심으로 싹텄다. 결국 이라크, 이란 지방의 친(親)알리 정서를 이용한 혁명을 성사시킨 이 운동의 주도자들은 749년 마호메트의 사촌인 압바스 가문에게 정권을 넘김으로써 압바스 왕조가 우마이야 왕조를 스페인으로 몰아내고 바그다드 천도를 단행했다.

압바스 왕조의 전성기는 제5대 칼리프인 하룬 알 라시드와 그의 아들 마문 때였다. 알 라시드는 비잔틴 제국과 국경 부근에 여러 도시를 요새화하여 침공기지로 삼았고, 두 차례에 걸쳐 비잔틴 제국의 깊숙이 쳐들어가 조공을 바치게 했다. 그 후 제국은 경제와 문화의 발전을 이루어 전성시대를 맞이했다. 압바스 왕조는 경제적으로도 번영한 시대였다. 메소포타미아평원을 중심으로 농업이 크게 개발되는 한편, 섬유산업이 발달하여 그 제품은 세계 각지로 수출되었다. 문화면에서도 이슬람교와 아랍어를 중심으로 헬레니즘 문화를 받아들여 독창적이고 다양한 이슬람 문화를 이뤘다.

그러나 936년에 대총독의 지위를 차지한 군사정권이 등장하여 칼리프는 정치적 실권의 대부분을 잃었다. 이제 칼리프는 종교적인 권위만 갖는 신세로 전락되었다. 그때의 상황을 몽골 침략 이전에 바그다드를 여행한 이븐 주바이르는 다음과 같이 기술하고 있다.

이 유구한 도시는 비록 아직은 압바스 왕조의 수도이고 쿠라이시족의 영도적 지위를 선전하는 장이 되고 있지만, 이미 유명무실일 따름이다. 수많은 변란과 재앙을 당하다보니 이제는 그저 하나의 사라져간 폐허나 떠오르는 환상으로서, 더 이상 사람들의 눈길을 멈추게 하지 않고 지난날을 돌이켜보지도 않게 한다. 그나마도 동서로 흐르는 티그리스강만이 양면을 비추는 거울이나 가슴 한가운데에 놓인 목걸이의 진주처럼 남아 있기에 바그다드는 갈증을 모르고 녹슬지 않는 명경(明鏡)으로 떠오르고 있으며, 그 나름의 공기와 물을 마시며 살아나고 있다.

씨 퍼뜨리기 원정

만년설이 덮여 있는 엘부로즈산맥, 카스피해의 남부를 에워싸고 있는 그 산맥을 따라 동쪽으로 가면 그 끝에 호라산이라는 지역이 있다. 호라산을 빠져나온 400명의 검은 그림자들이 북부 이란고원을 지나 아무다리아강을 건넌다. 끝없이 펼쳐진 중앙아시아의 초원은 몽골고원을 거쳐 만주 북부의 흥안령까지 이어진다. 몽골의 대칸 멍케는 검은 그림자들이 노리는 암살목표다. 그들은 철저히 훈련된 이슬람의 강경파 자객집단의 정예들이다.

칭기스칸이 초원의 유목집단을 통일하고 대몽골 제국(예케 몽골 울루스)을 세운 것은 1206년이다. 그는 몽골초원의 결집된 에너지를 서역의 중앙아시아와 이란 방향으로 돌렸다. 당시 그곳에는 콰레즘 제국이 있었다. 단 한번의 전투로 천혜의 요새인 콰레즘의 중심 도시 부하라와 사마르칸드는 몽골의 지배 하에 놓였다. 몽골의 서진은 칭기스칸의 뒤를 이은 어거데이와 구육 때에도 계속됐다. 그리고 4대 칸으로 칭기스칸의 손자 멍케가 즉위하였다.

멍케는 1251년 즉위하자마자 제국을 중앙아시아와 중국 그리고 이란으로 3분하여 통치하기 시작했다. 멍케는 믿을 수 있는 동생 두 명을 각각 이란과 중국으로 보냈다. 그로 인해 훌레구와 쿠빌라이는 흩어졌다. 멍케는 훌레구가 이슬람 세계에 대한 원정을 끝내면 돌아오기보다는 페르시아 전역을 독자적으

초원을 달리는 유목민 전사. 영화 「칭기스칸」에서.

로 관장할 것을 명령했다. 치밀하고 냉철한 성격의 소유자로 알려진 멍케가 훌레구를 멀리 보냄으로써 구육칸의 등극을 전후한 승계분쟁과 유사한 유혈사태가 재연될 수 있는 소지를 미연에 방지하는 효과를 바랐던 것이다.

바그다드의 압바스 왕조는 몽골의 대칸을 악마로 규정하였다. 그들은 무슬림들의 적이었다. 이슬람의 또 다른 과격집단에 의해 11세기부터 카스피해 남단의 아라무트에는 극비의 이슬람 자객집단이 양성되고 있었다. 그 중에 4백 명의 자객들이 선별되었고, 그들은 몽골의 수도 카라코롬으로 잠입해 들어간 것이다. 그러나 누구도 멍케를 암살하는데 성공하지 못했다. 오히려 멍케의 분노를 샀을 뿐이다. 대칸 멍케는 동생 훌레구에게 자객집단의 토벌과 이슬람 세계의 중심지 바그다드의 정벌을 명령했다.

정벌의 준비는 병력을 모집하는 것부터 시작했다. 그런데 참으로 이상한 병력모집이었다. 열 가구에서 두 명씩 징집된 병사들은 모두 앳된 소년들이었다. 수천 리 밖의 바그다드까지 가는 엄청난 전쟁이었다. 도대체 이들을 데리고 가서 무슨 전쟁을 한단 말인가? 그러나 몽골인들의 유목적 사고는 놀라운 것이었다. 소년병사들은 돌아오지 않을 것이다. 그들은 정벌지에 뿌리를 박고 살 것이다. 한마디로 그것은 군대 이민이었다. 그들은 모두 순수 몽골족에서 뽑은 토종들이었다. 순수 몽골족의 씨 퍼뜨리기가 시작된 것이다. 이역만리의 땅에서도 그들은 가족과 고향이 있는 몽골초원을 잊지 않는다. 이렇게 되면 제국의 확장은 입체적으로 이뤄질 것이다.

홀레구는 케도 부카를 지휘관으로 하는 전위부대를 앞세워 보냈다. 케도 부카는 나이만 출신의 장군이었다. 1만2천 명의 전위대는 홀레구의 앞길을 트는데 있었다. 특히 케도 부카의 전위부대는 카스피해 남쪽의 엘부르즈산맥에 숨어있는 자객집단의 본거지를 소탕하는 임무를 띠었다. 홀레구는 사냥을 즐기면서 여유있게 서쪽을 향해 갔다. 그가 아무다리아강을 건너 이란까지 가는데 2년이 걸렸다. 일부러 천천히 가는 것은 그들의 전술이었다.

몽골군의 특징은 진군하면서 그 수효가 증가하는데 있다. 진군하면서 주위의 현지인들을 병사로 추가시키기 때문이다. 투르크인과 키타이인들이 편입되었다. 또한 몽골군들은 사냥이 곧 훈련이었다. 훈련이 따로 없는 몽골군은 실전과 같은 사냥을 통하여 전투를 몸으로 익혀갔다. 소년병사들은 시간이 갈수록 강한 군사들이 됐다. 홀레구는 성을 공격하는 기술자들을 중국에서 데려왔다. 이제 그의 군단은 12만9천 명의 막강한 전력으로 바뀌었다. 1256년 1월 2일, 드디어 훌레구는 아무다리아강을 건너 사마르칸드에 도착했다.

이제 대칸의 명령을 실행할 때가 온 것이다. 멍케는 훌레구를 아랍으로 보내면서 다음과 같은 명령을 내렸다.

> 아무다리아의 기슭에서 이집트 땅의 끝까지 칭기스칸의
> 관례와 관습과 법을 확립하라. 항복하여 네 명령에 순종
> 하는 모든 자를 친절과 호의로 대하라. 누구든지 네게
> 저항하는 자는 그를 굴욕 속으로 던져 넣어라.

훌레구는 자신에게 할당된 모든 영지의 군주를 소집한 후 신하로서 복종할 것을 요구했다. 이 소집에 응한 것은 셀주크 투르크의 술탄 2명과 헤라트, 팔스, 호라산, 아제르바이잔, 아루란, 시루완, 그루지아의 왕들이었다. 이들에게는 당연히 평화라는 은혜가 주어졌다. 그러나 암살교단의 지도자인 알라 웃 딘 무하마드와 바그다드의 새로운 칼리프 무스타심의 모습은 보이지 않았다.

훌레구는 암살교단의 토벌을 서둘러야겠다고 결심했다. 암살교단은 이스마일파의 광신적 자객집단으로, 그들의 종교적 교리에 방해가 되면 아무리 높은 지위에 있는 사람이라도 죽이는 것을 꺼리지 않았다. 따라서 이들의 세력을 소탕하려는 군주가 하나도 없었다. 이들은 쿠히스탄의 아라무트 요새를 본거지로 해서 북부 이란으로부터 서부에 걸쳐 360개의 산성을 지배

아사신의 무스야프
성채.

하고 있었다.

9 · 11테러는 미국에 대한 이슬람 과격분자들의 폭거였다. 그 중심 인물은 빈 라덴이고 그의 배경에는 아프가니스탄의 알 카에다가 있다. 미국은 이라크의 후세인 정권도 그들의 배후라 고 의심한다.

빈 라덴과 알 카에다 자폭 테러단이나 후세인 친위대 페다인 부대의 자폭단은 슬프도록 처절하다. 그들의 자폭 저항을 서구 문명은 그저 충격으로 바라볼 뿐이다. 단지 신앙심이나 충성심 으로 돌리기에는 한 생명의 소멸이 전하는 발언은 너무나 구체 적인 것이기 때문이다. 그러한 이슬람 자객집단의 역사는 천년 의 세월을 간직하고 있다. 지금도 그들의 본거지였던 이란 북부 의 '독수리 둥지'에는 그 흔적들이 산재해 있다.

독수리 둥지의 암살단

마르코 폴로는 『동방견문록』에서 어느 '산상의 노인'에 관한 이야기를 하고 있다. 엘부로즈산맥 속의 아라무트성(城)은 철옹성이었다. '산상의 노인'이라 불리는 무하마드는 시아파의 하나인 이스마일파의 지도자이다. 그곳에는 이미 1090년 하산에 의해 조직된 '아사신'이라는 암살단이 있었다. 자객을 뜻하는 어쌔신(assassin)의 어원이 된 아사신은 아랍어 '하시신(hashishin, 대마초)'에서 유래된 말이다. 비밀조직인 암살단을 훈련할 때 대마초 같은 마약을 이용한다고 해서 십자군전쟁 중 유럽인들이 부른 이름이다.

아라무트 요새는 테헤란 북서쪽 140킬로미터 지점에 있다. 마르코 폴로는 훌레구가 암살집단을 정벌한 후 18년 만에 그곳을 지났는데, 다소 과장이 있으나 재미있는 이야기를 전해준다.

무하마드는 열두 살에서 스무 살까지의 청소년들을 눈을 가린 채 각지에서 데려왔다. 산성은 무릉도원처럼 꾸며져 있었고, 소년들이 그곳에서 만날 수 있었던 것은 절세미인과 맛있는 포도주와 산해진미였다. 그리고 그것들은 언제나 마약과 함께 주어졌다. 소년들의 영혼과 육신은 황홀의 대가로 저당잡혀가고 있었다.

암살자들은 어떤 일이 있어도 임무를 완수했다. 그것은 낙원으로 돌아가기 위한 수단이었다. 암살지령을 받은 알라의 전사들은 반대 종파의 지도자는 물론이고, 십자군전쟁의 명장 레이

먼드 백작, 이스라엘의 콘라드왕, 셀주크의 재상, 유럽의 국왕을 시해하는데 주저하지 않았다. 아사신의 위협이 얼마나 컸는가 하면, 그들에 대한 공포심 때문에 왕이나 재상은 물론 백성들까지 평상시에도 옷 속에 갑옷을 감추어 입고 다녔다고 한다. 그들의 과격성에 겁먹은 술탄들은 앞다투어 무하마드에게 재물을 바쳤다. 무하마드는 바그다드의 칼리프 무스타심과 세력을 같이했다.

홀레구의 전위대장 케도 부카는 아라무트 요새를 쳐다만 볼 뿐 아무런 성과도 올리지 못하고 있었다. 홀레구의 본대가 도착했으나 역시 방법이 없기는 마찬가지였다. 성채를 포위한 상태에서 겨울을 맞았다. 눈 때문에 전혀 움직일 수 없었다. 그런데 뜻하지 않은 변수가 생겼다. 무하마드가 측근에 의하여 살해된 것이다. 수없는 암살의 지령자인 그도 결국 암살로 죽어갔다. 절대권력자의 대부분은 스스로에 의해 파멸한다. 이라크전쟁을 시작하면서 미국은 이라크 내부 반(反)후세인 폭동을 가정했다. 그것은 가장 쉽고 명징한 전쟁의 승리요인이다. 하지만 몽골은 성공했고 미국은 실패했다.

무하마드 역시 그 길을 피해가지 못했다. 이스마일파의 지도자는 무하마드의 아들인 루큰 웃 딘 프루 샤가 정권을 계승했다. 프루 샤는 온건파였다. 적지 않은 희생자가 날 것이라고 생각했던 홀레구는 크게 안심했다.

무하마드의 죽음으로 인하여 아라무트 요새는 순식간에 무너져 내렸다. 홀레구는 프루 샤에게 항복할 것을 권했다. 아무런 대답이 없으므로 홀레구는 군대를 셋으로 나누어 포위했다.

마르코 폴로의 초상.
상도박물관 소장.

굶주림을 견디지 못하고 프루 샤는 항복했다. 3년 동안의 긴 대
치가 끝난 것이다. 당시 서아시아 최강의 이슬람 집단은 변변한
전투 한번 해보지도 못한 채 몽골에게 패했다. 프루 샤는 대칸
멍케를 알현하기 위해 몽골로 갔으나 만나지도 못한 채 돌아오
는 길에 몽골 호위 부대에 의해 살해됐다. 이슬람 세계는 물론
유럽까지 그 명성을 떨쳤던 이스마일파의 암살단은 166년에 걸
친 활동을 무력하게 마감했다.

　이미 칭기스칸이 아프가니스탄과 이란 일부 지역을 정복한
이후, 후계자인 어거데이가 그곳에 이란총독부를 설치하면서
이슬람에 대한 어느 정도의 지배권을 확보했다. 지금의 파키스
탄과 아프가니스탄, 이란, 아르메니아, 아제르바이잔 지역 등
이 몽골 지배 하에 있었다. 따라서 강력하고 과격한 이스마일파

의 정벌은 사실상 이 지역의 평정이었다. 또한 바그다드의 압바스 왕조를 무너뜨리는데 아무런 장애물이 없어진 것이다. 몽골군의 말발굽은 바그다드에 한걸음 한걸음 가까워지고 있었다. 훌레구의 입장에서 볼 때 산상의 자객집단과 압바스 왕조는 '악의 축'(an axis of evil)이었다.

하늘의 대리자와 신의 대리자

수백 년 동안 계속되던 바그다드의 영광은 이란 최초의 시아파 왕조인 부아이흐 왕조의 아흐마드에 의해 945년 바그다드가 점령당함으로써 쇠락의 길을 걷기 시작했다. 그 후 정치와 군사의 세력을 잃은 칼리프는 종교적 권위만 유지하고 있었다. 그러다 새로운 칼리프 무스타심의 등장으로 13세기 중엽부터는 칼리프의 권위가 되살아나는 등 실권을 회복하기 시작했다.

당시의 이름 없는 한 시인은 무스타심 치하의 바그다드를 이렇게 노래했다.

바그다드,
부자들에겐 호화저택이나
빈자들에겐 궁핍한 오막살이.
내 거리를 걸어도 누구하나 거들떠보지 않으니
나는 마냥 이교도 집에서 버림받은 한 권의 경전이어라.

암살교단을 정벌하고 난 훌레구에게 이제 남은 것은 바그다드를 공략하는 것이다. 수니파인 압바스 왕조의 칼리프 정권이 그곳에 존재하고 있었다. 그곳의 칼리프는 무스타심이었다. 압바스 왕조는 5백 년 역사의 이슬람 종주국이며, 무스타심은 그들의 정신적 지주였다. 그러나 무스타심은 자존심만 강했지 현실인식이 부족했다. 지상의 모든 무슬림들을 자신의 군대로 착각하며 큰소리를 치고 있었다. 1257년 11월, 무스타심은 훌레구로부터 한 통의 편지를 받았다.

> 그대는 칭기스칸 이래 몽골군이 세상에 가져온 운명을 알았다. 영원한 하늘의 은총에 의해, 어떤 굴욕이 콰레즘 샤들의, 셀주크들의, 다일람 왕들의, 그리고 여러 아타벡들의 왕조를 덮쳤던가! 그러나 바그다드의 문은 이러한 인종들 누구에게도 닫히지 않았고, 그들 모두 그곳에 그들의 지배를 확립하였다. 그러면 그러한 힘과 그러한 권력을 가진 우리가 이 도시에 들어가는 것을 어떻게 거절할 수 있는가? 기치에 대항하여 무기를 잡지 않도록 조심하라!

훌레구는 가급적 전쟁을 하지 않고 바그다드를 손에 넣으려 했지만 칼리프 무스타심은 이를 즉각 거부했다. 훌레구가 보낸 편지에 무스타심은 오로지 거절과 악담으로 답했을 뿐이었다. 그의 귀가 몽골군의 소문에 대해 닫혀 있었다고 보기에는 무리가 있다. 무스타심은 기독교의 교황과 자신의 위치를 평행으로 놓았다. 그것은 바그다드의 자존심이었고, 이라크인들의 기질이었다. 이라크인들의 피에는 아랍의 중심이라는 자부심이 흐르고, 대국적 기질로 가득하다. 무스타심의 태도가 결코 오기만은 아니었다. 얼마 전까지 그것은 사실이었다. 상대가 몽골군이 아닐 때는 말이다. 자신감과 주체적 생각으로 가득 찬 무스타심은 훌레구에게 답장을 보냈다. 소년 다윗을 얕보던 팔레스타인 장군 골리앗과 너무도 흡사했다.

오, 이제 겨우 자신의 경력을 시작한, 그리고 열흘의 성공을 축하해 축배를 든, 모든 세상보다 그대가 우월하다고 믿는 젊은이여! 너는 동쪽에서 마그리브까지 알라의 모든 숭배자들은 국왕이든 거지든 내 조정의 노예이며, 내가 그들에게 소집을 명할 수 있다는 것을 아는가?

텡그리(하늘)를 대신한다는 몽골의 대칸을 노예라고 모욕하고, 정벌자 훌레구를 하룻강아지로 본 것이다. 나름대로 실력을 회복한 바그다드의 압바스 왕조는 몽골군을 우습게 봤다. 그들은 종교적 권위로 몽골군을 누를 수 있다고 오판하고 있었다. 그러나 그것은 몽골군 앞에서는 한낱 거품일 뿐이었다. 훌레구는 격노해서 진공을 선언했다. 칼리프는 훌레구가 무슨 일을 하더라도 신이 자신을 보호해 준다고 생각하고 있었기 때문에 신하의 한 사람인 아이베크에게 시사를 받은 것도 있고 해서 그런 답장을 보냈던 것이다. 하늘의 대리자와 신의 대리자가 맞붙은 것이다. 재상 알카미가 항복을 권했지만 칼리프는 이를 받아들

몽골군의 공성 장면. 13세기 페르시아 세밀화.

이지 않고 오히려 그를 문책했다. 장군 슐레이만 샤는 대군을 동원했지만 무스타심이 욕심을 부려 무려 5개월이나 월급을 지불하지 않자 군대가 반란을 일으켰다. 사면초가였다.

몽골군이 사방에서 포위망을 좁혀 오는 동안 칼리프의 군대들은 포위망을 깨뜨리려고 나섰다가 산산조각이 났다. 5년 동안의 원정을 하면서 점점 더 강해진 초원의 전사들에게 사기가 바닥난 병사들은 강물 앞에 놓인 모래언덕에 불과했다. 이븐 켈이 이끄는 칼리프군은 티그리스강을 건너 몽골의 장군 바이주와 부가 테무를 맞아 진격하려고 했다. 이에 몽골군은 제방을 터뜨린 후 적군의 배후 평원을 물바다로 만들고 이곳에서 칼리

바그다드는 4개의
성문으로 둘러쌓인
요새였다. 페르시아
문은 바그다드의 동
문을 말한다.

프군을 습격하여 패주시켰다. 칼리프군은 12만의 전사자를 남
겼으며 다수가 수렁에 빠져 익사했다. 칼리프군의 다오트달은
소수의 부하와 함께 탈주해서 바그다드에 들어가 문을 걸어 잠
궜다. 그러나 그 사이 바이주의 부대가 바그다드의 서쪽에 도달
했고, 훌레구와 케도 부카가 동쪽에 도착했기 때문에 1258년 1
월에 비로소 포위진이 완성되었다.

　　몽골군은 참호와 방벽을 바그다드의 주위에 둘러싸고 조금
도 쉴 틈 없이 공격을 계속해서 마침내 페르시아문 근처에 있는
동벽을 격파했다. 칼리프는 몽골군에게 사자를 보냈지만 쫓겨
났고, 산에서 운반해 온 돌 등을 탄환으로 삼아 공격은 계속되
었다. 한편, 성벽으로 발사한 화살에는 무기를 들지 않았던 사
람은 모두 살려준다고 써 붙였다. 그러나 바그다드 시민들은 항
복하지 않고 결사적으로 저항했다.

　　바그다드의 동쪽 성문인 페르시아문이 함락되었을 때 몽골
군은 돌격해서 흙벽을 확보하고, 바그다드의 동성을 완전히 점
령해서 배로 탈출하려는 자를 붙잡았다. 몽골병사가 성벽 위에

나타난 것을 보고 칼리프는 항복했으며, 그의 부하 병사는 죽임을 당했고 성밖으로 나간 시민 중에서는 80만 명이 학살되었다. 무스타심은 훌레구 앞으로 끌려왔다. 고문을 받은 칼리프는 5백 년 동안 비밀리에 소장하고 있던 이슬람의 보물이 있다는 것을 자백했다. 보물을 줄테니 목숨을 살려달라고 했다. 보물은 훌레구의 오르도(군막) 주위에 산과 같이 쌓였다.

　20일 동안의 치열한 전투 끝에 1258년 2월, 바그다드는 무너졌다. 구약성서에 기록된 에덴동산이 있고 노아의 홍수가 있었던 메소포타미아 문명의 발생지는 폐허로 변한 것이다. 투항한 제37대 칼리프, 무스타심은 왕에 대한 예에 따라 죽었다. 몽골 전통에 피를 보이지 않고 죽이는 것은 적장에 대한 예우였다. 무스타심을 가죽자루에 넣고 꿰맸다. 자루 위를 여러 마리의 말들이 지나갔다. 이로 인해 이슬람 세계에서 칼리프는 사라졌다. 압바스 왕조의 5백 년 역사가 사라지고, 몽골의 꼭두각시 정권이 들어섰다. 그러나 훌레구는 곧바로 바그다드의 재건에 힘썼다. 중세 시인인 아부 타맘 하비브 븐 아우쓰는 이 당시의 바그다드를 이렇게 노래했다.

　바그다드는 이미 그 부음(訃音)이 전해졌으니
　세월의 풍상에 허물어진 그 참경 슬피우노라.
　티그리스강은 전화에 휩싸여도
　불길만 잡히면 곳곳이 우아하였건만
　이제 찬란했던 과거로 돌아가려 한들
　바라는 그 마음엔 실망만이 자리하네.

몽골, 또 다른 십자군

이슬람교와 기독교 그리고 유대교는 한 뿌리에서 나왔다. 그들의 공동 조상은 아브라함이다. 그 옛날 셈의 직계후손인 아브라함은 바그다드에서 멀지 않은 갈대아 우르를 떠나 유프라테스 강을 거슬러 올라 시리아를 거쳐 유대 땅으로 갔다. 그 길은 몽골군이 바그다드를 점령한 이후 이집트를 향해 간 길과 일치한다. 아브라함이 여종 하갈로부터 얻은 서자 이스마엘은 지금의 중동 땅인 사막으로 쫓겨나 아랍인들의 조상이 된다. 이슬람과 기독교의 적대는 적서의 차별로부터 시작되었다. 그 길고 긴 민족과 종교의 분규에 몽골이 한 자리를 차지했다는 것은 참으로 아이러니가 아닐 수 없다. 이슬람에 대한 몽골의 침략이 과연 종교전쟁이었을까? 확정적으로 단정할 수는 없지만 이 때의 상황으로 볼 때 아니라고 부인하기도 어렵다.

우연의 일치인지는 모르지만 훌레구는 친기독교적이었다. 그의 부인 도쿠즈 카툰은 철저한 네스토리우스파 기독교인이었다. 카툰은 왕비나 귀부인을 말한다. 그녀는 몽골의 또다른 명문 케레이트족의 왕 옹칸의 손녀였다. 도쿠즈는 원래 칭기스칸의 아들 톨루이의 부인이었는데, 톨루이가 죽자 그의 아들 훌레구가 인계한 것이다. 형사취수제와 같이 미망인을 보호하기 위해 만들어진 유목민의 관습에 따라 결혼을 했지만 훌레구는 그녀의 몸에 손도 대지 않았다. 어머니나 다름없었기 때문이다. 도쿠즈 카툰의 영향력은 대단했고, 그 권위는 훌레구를 앞질렀다. 연대기 편찬자 카라코스는 그의 저서에서 도쿠즈 카툰에 대해 이렇게 말하고 있다.

> 바그다드가 함락될 때 네스토리우스 교도인 훌레구의 아내 도쿠즈 카툰은 네스토리우스파든 또는 다른 어떤 파든지 간에 기독교도들을 변호하였고, 그들의 목숨을 위해 중간에 들어 잘 말해주었다. 훌레구는 그들의 목숨을 구해주었고, 그들이 자신의 재산을 지키도록 놔두었다.

얼마 전 십자군은 다마스쿠스 함락에 실패했다. 그런데 동쪽에서 온 몽골군이 기독교인을 살려주고 무슬림을 핍박하다니. 역사의 아이러니는 이렇듯 괴팍하다.

바그다드 함락 후 훌레구가 이끄는 몽골군은 아제르바이잔을 점령하고, 다시 시리아를 향해 진군을 계속했다. 그 옛날 아시리아의 후예인 시리아는 살라딘이 세운 아유브 왕조의 일국으로 술탄 유숩이 통치하고 있었다. 바그다드 함락은 무슬림 세계를 공포로 떨게 했다. 저항하던 아유브 왕조의 알 카밀을 죽일 때, 그의 살을 찢어 죽을 때까지 입에 쑤셔 넣었다는 끔찍한 소식을 모두가 알고 있었다.

유숩도 싸울 용기가 없었다. 용렬한 군주 유숩은 성을 버리고 이집트로 도망쳤다. 그러나 다마스쿠스 시민들은 결코 물러나지 않았다. 군주 없이 그들은 40여 일을 버텼다. 그러나 역부족이었다. 몽골군은 저항한 만큼 보복한다. 시리아 전역은 철저히 유린되었다. 다마스쿠스에서만 30만 명이 처참하게 살육되었다.

시리아의 수도 다마스쿠스는 중세 이슬람 사회의 중심 도시였다. 1183년부터 세 번에 걸쳐 이슬람을 여행한 이븐 주바이르는 다마스쿠스를 알라의 지상낙원이라고 말한다.

다마스쿠스는 동방의 낙원이고 그 현란한 빛의 발원지이며, 이슬람 제국 중 최상의 도시이며 아름다운 신부의 땅이다. 여러 가지 향긋한 꽃들로 단장하고 화사한 비단 옷을 걸친 화원 속에 용모를 드러내고 있으며, 복스러운 땅에 자리잡아 곳곳마다 가장 아름답게 꾸며져 있다... 지상에 영원한 낙원이 있다면 그곳이 다마스쿠스여라. 천상에 있었던 낙원이어니, 그 분위기, 그 흥취, 낙원 그대로여라. 내가 밤낮으로 만끽하는, 그 착함과 그 너그러움 가득한 곳.

하지만 아름다운 다마스쿠스도 몽골군의 손아래 떨어졌고 대학살을 겪어야했다. 몽골군은 주변 도시 알레포도 초토화시켰다. 성서에도 자주 등장하는 역사의 도시 알레포는 난공불락의 성을 가졌다고 알려져 왔으나 투석기를 앞세운 몽골의 공략 앞에 며칠만에 쉽게 무너졌다. 몽골군은 그곳에서도 기술자들만 남기고 모든 백성을 살해했다.

몽골군의 목표는 이제 예루살렘의 해방이었다. 그들은 유대를 거쳐 이집트를 정복하기 위해 말머리를 서쪽으로 돌렸다. 그

런데 몽골로부터 급한 전갈이 왔다. 제국의 대칸 멍케가 서거했다는 것이다. 형 멍케의 뒤를 이어 대칸의 꿈을 갖고 있던 훌레구는 즉시 진군을 멈췄다. 선봉대장 케도 부카에게 1만2천 명을 주어 이집트로 향하게 하고, 그는 몽골초원을 향해 말머리를 돌렸다. 풍전등화의 이슬람은 살아났고, 예루살렘은 구원의 문턱에서 좌절되었다. 과연 누가 승자인가.

몽골군의 선봉대는 케도 부카의 지휘 하에 이집트로 향했다. 당시 이집트는 맘룩 왕조의 시대였다. 노예출신의 군인을 '맘룩'이라고 한다. 맘룩인 무이지즈 아이바크가 이집트에 맘룩 왕조를 세운 것은 1250년이었다. 전쟁 영웅 아이바크는 십자군을 격파한 투르크 출신이었다. 그는 노예해방과 이슬람 세계의 건설을 주장했다. 맘룩 왕조는 장기정권으로 안정을 되찾고 동지중해 연안에 남아있던 십자군 국가를 일소한 서방 이슬람 지역의 맹주였다.

오늘날에 이르기까지 이집트가 중동 서반의 아랍·이슬람 제국의 중심지가 되는 원인도, 바로 이 시점으로 거슬러 올라간다. 몽골군은 이스라엘의 나사렛 근처에서 맘룩 장군 바이바르스가 이끄는 12만 대군과 격돌했다. 1260년 9월 3일은 몽골의 불패신화가 깨진 날이다. 골리앗의 샘이란 뜻의 '아인 잘루트'는 거인 골리앗이 소년 다윗의 물매돌에 쓰러진 곳이다. 이슬람과 이스라엘의 싸움, 그 질기고도 긴 역사의 흔적에 몽골이 연루된 것은 이상할 것이 없다. 당시 몽골의 훌레구는 친기독교적이었으니까.

아랍 지역을 통한 몽골의 서진(西進)은 유대에서 멈췄다. 케도 부카는 비록 수적인 열세로 패했지만 장렬하게 전사했다. 그 또한 네스토리우스파 기독교 신자였다. 그러나 케도 부카의 죽음으로 기독교에 호의를 베풀던 세력들은 처참한 대가를 치러야 했다.

훌레구는 바그다드를 거쳐 페르시아로 돌아갔다. 그즈음 몽골초원에서는 칸위를 두고 형제 전쟁이 한창이었다. 둘째인 쿠빌라이가 넷째인 아릭 부케를 누르고 칸의 자리에 앉게 된다. 훌레구는 몽골로 돌아가는 것을 포기하고 바그다드와 이란을 중심으로 하는 일칸국(훌레구 울루스)을 세웠다.

전쟁은 역설을 수반한다. 끔찍한 정벌이 마무리 된 후, 지구상에는 전무후무한 대제국이 성립되었다. 동해로부터 헝가리에 이르는 그리고 모스크바로부터 바그다드까지 이어지는 대몽골 제국이 그것이다. 팍스 몽골리아, 즉 몽골의 평화가 온 것이다. 대제국 안에서는 전쟁이 없는 평화의 시대라는 것이다.

반세기 뒤 이곳을 찾아갔던 여행가 이븐 바투타의 기록에 의하면 훌레구 울루스 지배에 놓여있던 바그다드는 아직 전흔이 남아있기는 하지만 평화로웠음을 알 수 있다.

7백 년 전의 바그다드

이슬람의 여행가 이븐 바투타는 메카 성지순례와 이슬람 동방세계를 탐험하고자 여행길에 올랐다. 그의 나이 21살 때였다. 아프리카의 북서부 모로코에서 시작한 그의 여행은 알렉산드리아와 카이로를 거쳐 다마스쿠스, 메카로 이어졌다. 그가 바그다드에 들른 것은 1326년이었다. 이미 몽골에 의해 점령당한 일칸국의 한 도시에 불과했지만, 이븐 바투타에게 바그다드는 영광스러운 지위와 화려한 업적을 지닌 '평화의 집' 도시이자 이슬람의 서울이고, 알리파의 안식처이며, 학자들의 정착지로 기대되던 곳이었다.

이븐 바투타의 눈에 비친 바그다드의 모습을 보자.

강을 따라 길게 뻗어있는 도시는 대추야자의 원림이 쭉 늘어서 있다. 화려한 시장에다가 편의시설이나 산업 같은 것을 두루다 갖추고 있다. 건물이 많고 대추야자 원림은 시내나 시외 어느 곳에나 즐비하다. 그 사이사이 주택들이 꽃밭에 묻혀 있다.

강 사이에 배들을 가지런히 이어서 만든 큰 부교(浮橋)가 두개나 있다. 배들은 좌우 양측으로 가로지르는 쇠살로 고정되어 있고, 그 쇠살은 강 양편에 박혀있는 큰 나무기둥에 단단히 매

어 있다. 사람들은 남녀노소 할 것 없이 밤이건 낮이건 그 다리
를 건너며 산책을 즐긴다. 바그다드에는 설교를 하고 금요일 예
배를 근행하는 대사원이 모두 11개 있다. 그 중 8개는 서안에,
나머지 3개는 동안에 있다. 그 외에 사원과 마드라싸(학교)도
아주 많지만 지금은 이미 폐허가 되어버렸다.

바그다드의 서부는 먼저 건설한 곳이어서 지금은 그 대부분
이 파괴된 상태다. 그렇지만 아직도 13개 구역이 남아있다. 말
이 구역이지 실은 도시와 다름없다. 구역마다 2~3개의 욕탕이
있고, 8개 구역에는 대사원이 하나씩 있다. 이들 구역 중에서
바불 바스라 구역에는 만수르대사원이 있다. 바스라문 구역과
티그리스강 거리 구역 사이에 궁궐 같은 병원이 있었는데, 지금
은 잔해밖에 남아있지 않다. 서부에 있는 성소로는 바스라문 구
역에 있는 알 카르히의 묘소가 있다. 또 다른 곳에 두 기의 묘소
가 있는데, 꽃밭 속에 있는 그 묘 위에는 은조각이 붙어있는 나
무판자가 놓여있다.

바그다드의 동부는 잘 배치된 시장들로 흥청거린다. 가장 큰
시장은 이른바 '화요일시장' 이다. 물품들이 모두 일품이다. 이
시장 한가운데 모범적이고 특수한 학교가 있다. 또한 시장 끝머
리에도 자파르가 세운 학교가 있는데, 이 학교 안에는 4대 법학
파가 다 들어 있다. 매 파마다 대청이 한 개씩 있고, 대청에는
예배소와 교실이 있다. 교수는 나무로 지은 자그마한 돔 아래,
방석을 깐 의자에 정숙하고 위엄 있게 앉아있다. 그는 검은 옷
에 터번을 쓰고 있다. 그의 좌우에는 두 명의 조교가 앉아서 그
가 말하는 것을 복창하고 있다. 학교 내에도 학생들을 위한 욕

탕과 부분 세정실이 마련되어 있다. 동부에서 금요예배가 진행되는 대사원은 세 군데다. 사원 안에는 많은 음료수 공급처와 부분 및 전신 세정을 위한 욕실이 있다.

이븐 바투타는 이 사원에 1326년 7월에 들렀다. 그는 훌레구에 의해 살해된 무스타심의 묘도 돌아봤다.

바그다드 사람들은 매주 금요일이면 지도자들의 묘소를 돌아가면서 참배한다. 이렇게 다음 목요일까지 하루에 한 묘소씩 찾아간다. 바그다드의 동부에는 과실이 나지 않아 과수원과 화원이 많은 서부에서 공급한다.

이븐 바투타는 바그다드의 지배자를 만난다. 물론 그 왕은 몽골인이다. 바그다드의 군주 바하두르칸에게는 하라반다라는 아들이 있는데, 바투타에 의하면 그 아들은 몽골왕들 중에서 유일하게 이슬람에 귀의한 왕이라고 한다. 이미 정착민에 대한 유목민의 동화를 볼 수 있다. 이븐 바투타는 하라반다의 이름을 설명하면서 재미있는 이야기를 한다. 그것은 몽골의 풍습에 관한 것이다.

통상 몽골인들은 신생아의 이름을 그가 태어날 때 처음으로 집에 들어 온 것의 이름을 따서 부른다. 그래서 이 술탄이 출생했을 때 처음으로 집에 들어 온 것이 당나귀였기 때문에 그에게 하라반다(당나귀의 아들)란 이름을 지었다. 그의 동생은 까자간이다. 사람들은 보통 '까잔'이라 부른다. 까자간은 솥이란 뜻이다. 여종이 솥을 들고 들어섰을 때 바로 그 아이가 태어났기 때문에 그렇게

금빛 돔과 미나레트
가 성전임을 말해주
는 알 카마디안 모스
크.

부른다고 한다.

　이븐 바투타가 본 바그다드는 아직 완전히 재건되지 않은 모
습이었다. 그러나 아직도 바그다드에는 화려함과 영광이 남아
있었다. 그는 도시의 욕탕을 보고 놀라움을 금치 못한다.

　바그다드에는 욕탕이 많은데, 모두가 대단히 우아하다.
대부분의 욕탕은 바닥까지 역청을 발라서 보는 사람으
로 하여금 흑색 대리석을 연상하게 한다. 그리고 벽은
땅에서 절반을 역청으로 칠하고 나머지 위 부분은 희멀
끔하게 회칠을 하였다. 정말로 상반된 두 색깔이 잘 어
울리면서 대조를 이루고 있다. 목욕탕 안에는 대리석 욕
조가 있으며, 거기에는 두 개의 관이 있다. 하나는 더운

물이 나오는 관이고, 다른 하나는 찬물이 나오는 관이
다. 물론 다른 곳에서도 이와 비슷하기는 하지만, 바그
다드에서처럼 이렇게 완벽한 곳을 나는 일찍이 본 적이
없다.

바그다드의 여행을 마친 이븐 바투타는 왕의 행렬을 관찰하
기 위해 바하두르칸을 따라 다른 곳으로 떠났다. 바투타는 바그
다드를 떠나지만 그의 마음 속에는 바그다드를 노래한 애절한
시가 남는다. 아부 무하마드 아부 와하브 브 알리 브 나스르의
시는 몽골에 의해 잃어버린 바그다드를 가슴 아프게 노래하고
있다. 갈 수 없는 바그다드에 대한 그리움, 그리고 바그다드 거
리에서의 절망감 등이 잘 표현되어 있다.

바그다드의 훈훈한 분위기
천신만고인들 다가가고 싶어라.
어찌 하루라도 그곳을 떠나랴
온갖 훈훈한 분위기 다 어우러졌는데.

절름발이 티무르

몽골인 훌레구의 정복이 있은 지 150년이 지난 1402년, 바그다
드는 또 다른 몽골인에 의해 파괴된다. 그가 바로 중앙아시아의
정복자 티무르다. 전투에서 오른발을 다쳤기 때문에 절름발이

티무르란 뜻의 티무르 이랑이라고도 불렸고, 칭기스칸 가문의 딸을 후비로 맞아들여 티무르 크레겐이라고도 불렸다. 몽골제국의 전통으로는 칭기스칸의 신성한 피를 받지 않은 자는 칸에 오를 자격이 없었다. 티무르는 이 원칙에 따라 다른 장군들에 대한 우위를 확립하기 위하여 칭기스칸 집안의 딸을 후궁으로 맞은 것이다.

티무르가 태어난 시기는 칭기스칸의 정복으로부터 한 세기가 흘러간 후로, 당시 중앙아시아 서부에 살고 있던 몽골인들은 이슬람 오아시스 정착문화에 동화되어 투르크어나 페르시아어를 사용하고 있었다. 티무르의 아버지 타라가이는 선조 대대로 중앙아시아에 세운 몽골국인 차가타이칸국의 신하였다. 차가타이칸국이 동서로 분열될 때, 바르라스 가문의 가난한 청년 티무르는 자력으로 차가타이칸국의 실권을 장악했다.

티무르 제국은 서로는 소아시아, 시리아로부터 동으로는 천산산맥, 델리에 이르기까지 광대한 지역에 걸쳤다. 티무르는 탁월한 군사 지도자였으며 한번 내린 명령은 결코 취소하는 법이 없는 무서운 인물이었다. 그는 대담하고 용맹스러우며 의지가 강하고 준엄하였지만 학자와 문인들을 보호하고 상업과 산업을 장려하기도 하였다. 그런 점에서 티무르는 칭기스칸과 흡사하다.

티무르는 사마르칸드를 세계제국의 수도에 걸맞게 만들려고 하였다. 이에 장엄하고 화려한 왕궁을 비롯하여 모스크를 건립하고, 관개망도 정비하였으며, 시장도 크게 확장시켰다. 수도 사마르칸드는 유럽, 중동과 중국을 연결하는 동서 교역로이자 러시아 킵차크초원과 인도를 연결하는 남북의 교역로가 교차하는 지정학적 요충지로 자리잡았다. 이를 바탕으로 제국은 경제적 번영을 이루었다. 도로, 시장, 대상숙박소 등이 잘 정비된 사마르칸드는 모든 내륙아시아를 관통하는 실크로드의 중추가 되었다. 이 부분에서는 쿠빌라이와 흡사하다. 그렇게 볼 때 티무르는 칭기스칸과 쿠빌라이라는 두 영웅의 혼합체라고 할 수 있다.

티무르는 거대 도시를 완성시켰지만 정작 자신과 부하들은 도시에서 살지 않았다. 그들은 도시 주변의 초원이나 정원에 텐트를 치고 살았다. 원나라를 세운 쿠빌라이가 북경을 세계제일의 도시로 재건하고도 텐트 생활을 한 것처럼 그 또한 유목민으로서의 삶의 방식을 바꾸지 않으려 노력한 것이다. 사마르칸드 교외의 목초지에 세워진 티무르의 텐트 주위에는 4만~5만이나 되는 부하들의 텐트가 가지런히 세워졌다. 한마디로 성이라고 할 정도로 거대하고 호화스러운 것이었다. 정착민으로 동화하지 않고 유목민의 생활양식을 유지하는 것은 말을 이용한 기동성을 유지하기 위한 내부적 투쟁이었다.

사마르칸드를 보급기지로 삼아 티무르는 자신의 오르도를 이끌고 끊임없이 이동하면서 정복전을 감행했다. 대외전쟁에서 승리하여 전리품을 나누어주어야 하는 유목국가의 군주인 이상 대외원정은 피할 수 없었다. 그는 사마르칸드에 공동시장을 건설하고 통상 활동을 활성화시켜 대외원정을 경제적으로 뒷받침하였다. 또한 상인들을 각지에 파견하여 여러 나라의 지도와 기록을 제공하도록 하였기 때문에 외국의 정세에 더없이

티무르의 군막.

정통하였다. 정보와 기동성을 이용한 티무르의 정복전쟁은 전광석화처럼 재빨랐다. 티무르의 성공은 유목민의 군사력과 정착민의 경제력이 잘 맞아 들어갈 때 강력한 국가가 탄생할 수 있다는 사실을 다시 한번 증명해준다.

티무르가 제국을 형성해 나갈 당시 몽골 제국은 분열과 퇴조를 맞고 있었다. 종가집이라고 할 수 있는 원(대원 울루스)은 1368년 명에 밀려 중국에서 쫓겨나 몽골고원으로 돌아가야 했다. 중앙아시아의 차가타이칸국도 파미르고원을 경계로 동서로 분열되어 세력을 뻗치지 못했다. 이란을 중심으로 한 훌레구의 일칸국도 정국이 혼란에 빠져 몇 개의 지방정권으로 분열되었고, 러시아의 킵차크칸국도 14세기의 후반기부터 힘을 잃어갔다. 새로운 강자 티무르는 몽골 유목민의 후계자이면서 동시에 자존심이기도 했다.

티무르는 사방으로 원정하여 콰레즘을 병합하고 모스크바 부근까지 진군했다. 기수를 남쪽으로 돌려 인도에 침입하여 델리를 점령하고 많은 재화를 약탈했다. 이어서 그루지아를 정복하고 시리아에 진격하여 알레포, 다마스쿠스를 정복했다. 맘룩 왕조가 굴복한 것도 이 때의 일이다. 몽골의 입장에서 보면 훌레구의 부하 케도 부카가 실패한 원정을 티무르가 완수한 것이다. 인도 원정은 풍부한 물자와 교역 확보를 위한 것이었고, 맘룩 원정은 일칸국 붕괴 후 난립한 군소 정권을 정벌하고 이란고원을 탈환하는 것이 목적이었다. 그는 오스만 투르크와의 싸움에서도 승리를 거두었고, 그 여세를 몰아 에게해까지 진출했다.

티무르가 바그다드에 나타난 것은 1402년이었다. 그에게 바그다드는 매우 중요한 곳이었다. 원래 이 땅은 훌레구의 일칸국 땅이었다. 이를 침해하는 존재인 오스만 투르크, 맘룩조 등에 대한 공격은 당연했다. 그러나 이는 몽골족의 입장에서만 맞는 말이었다. 메소포타미아는 반만년을 살아온 아랍인들의 땅인 것이다. 이슬람의 입장을 대변하는 당시의 기록에는 "이교도에게 복종하는 것은 마호메트의 법에 반하는 것이다. 칭기스칸은 사막의 이교도이다. 그는 무력과 검의 힘으로 이슬람 교도를 지배한 것이다"라고 적혀 있다.

티무르의 공격 이후에는 티무르나 그의 후손들에 대한 역설적 기록이 나타나기도 한다. 야즈디의 『승리의 서』에는 "그 때 이슬람 행자의 몸을 한 몽골인 한 사람이 나타났다. 그는 기도와 예배를 올렸고, 이로 인해 텝 텡그리 즉, 몽골말로 위대한 하늘이라 불렸다"고 적혀 있다. 여기서는 이교도의 모습이 이슬람교의 행자인 수피로 바뀐다. 티무르 왕조 말기에 씌여진 미르혼드의 세계사 『淸淨園(청정원)』에도 "경건한 몽골인이자, 텝 텡그리(푸른 하늘)라 불리는 인물이 나타났다"고 기록돼 있다. 경건이라는 말은 이슬람교도들에게 사용하는 표현이다.

역사적 기록은 언제나 승리자 중심으로 남는다. 『티무르의 자전』은 무굴 제국 측에서 본 티무르 왕조 자료이다. 이 문헌은 티무르의 지배권을 정당화하기 위해 티무르와 마호메트의 후계자인 칼리프 알리의 자손간의 관계를 강조하고 있다. 티무르가 권력을 장악했을 때 다수의 무슬림을 학살했다는 이유로 그에 대한 축복을 금지한 호자 우바이드의 꿈에 마호메트가 나타나 티무르는 많은 무슬림을 죽였으나 마호메트 자손의 보호자라고 말했다는 내용이나, 이라크의 카르발라에 사는 알리 자손의 꿈에 알리가 나타나 "우리들의 하얀 군기를 젊은 터키인에게 주라"고 말했다는 일화가 나온다. 또 차가타이칸국 에리야스 호자가 침입했을 때 포로가 됐던 테르메즈의 성예(聖裔) 70명을 티무르가 구출해냈다는 사실이 호의적으로 기록돼 있다.

그러나 『티무르의 자전』은 몽골족의 선조 알랑 고아에게 나타난 신기한 빛이 사실은 이슬람의 알라였다고 함으로써 이슬람 중심 사관을 놓치지 않는다. 이 빛이란 것은, 시아파에서 '마호메트의 빛'이라 불리는 특별한 은총으로, 예언자의 특질이기도 하다. 예언자들은 이를 자손에게 물려줬는데, 마호메트의 빛은 알리의 자손에게 계승됐다.

서쪽 정세가 안정을 되찾자 티무르는 몽골 제국의 원수이며 이슬람의 적인 명(明)을 향해 대원정을 시도했다. 이 원정이 성공한다면 그는 몽골 제국 칭기스칸의 유업을 계승하게 되는 것이었다. 티무르는 20만의 군대를 이끌고 사마르칸드를 출발하

사마르칸드에 위치한티무르묘지.

였다. 그러나 그 해 겨울은 큰 눈이 내리고 찬바람이 심하게 불었다. 결빙한 시르다리아강을 건너 오트랄에 이르른 70세의 티무르는 추위를 녹일 술을 너무 마셔 책상에 앉은 채 1405년 2월 18일 숨졌다. 중국원정은 중단되고 티무르의 유해는 사마르칸드의 구르에미르묘에 매장되었다.

지배자의 묘라는 의미의 구르에미르묘는 티무르가 손자인 마흐무트 술탄의 전사를 추도하기 위해 지은 사원 건물이었다. 그곳에 바로 자신이 묻히게 된 것이다. 이 사원에는 티무르 자신과 아들, 손자 그리고 스승과 당시 지도자들의 유해들이 안치

되어 있는데, 돔의 하부 벽면에는 코란의 문구인 "알라는 위대
하다"라는 글이 씌여져 있다. 푸른 타일로 화려하게 장식된 돔
은 64개의 나무가 내장되어 골격을 유지하고 있으며 세로로 무
수한 홈이 조각되어 있다. 이렇게 아름다운 돔의 축조 기술은
티무르 시대에 창조되었다. 티무르의 묘는 연옥으로 만들어졌
으며 흑녹색을 띄고 있다. 유해는 돔의 지하에 안치되어 있는
데, 1941년 학자들이 이 무덤들을 개봉해 조사한 결과 티무르
는 전투 중 입은 부상으로 불구가 되었다는 사실을 확인했다.

2 장

충격과 공포의 바그다드

전쟁 전의 바그다드
신시가지 전경.

착한 군대의 폭력성

팔레스타인 출신의 미국학자 에드워드 사이드는 부시의 중동
평화에 대한 해결책을 한마디로 '무지와 망상' 이라고 단언한
다. 그러한 우려는 이미 백오십 년 전 인디언 추장 시애틀에 의
해서 제기되었다. 시애틀은 미국 대통령 피어스에게 보낸 연설
문에서 이렇게 말했다.

아침 햇살 앞에서 산안개가 달아나듯이 황색인은 백인
앞에서 언제나 뒤로 물러났지만 우리 조상들의 유골은
신성한 것이고 그들의 무덤은 거룩한 땅이다. 그러니 이

언덕, 이 나무, 이 땅덩어리는 우리에게 신성한 것이
다...... 백인은 어머니인 대지와 형제인 저 하늘을 마치
양이나 목걸이처럼 사고 약탈하고 팔 수 있는 것으로 대
한다. 백인의 식욕은 땅을 삼켜 버리고 오직 사막만을
남겨 놓을 것이다.

　시애틀 추장의 예언은 적중했다. 아메리칸 추장은 승리했다.
미국의 식욕은 이라크 땅을 삼켜버렸고, 그곳에는 오직 사막만
이 황량하게 남아있다. 대지와 하늘은 침묵하고, 바그다드는 신
음소리조차 내지 못한 채 상처를 드러내고 있다.
　악의 축, 부시는 그렇게 이라크를 본다. 그 '악의 축' 정점에
후세인이 있고, 후세인은 바그다드에 있다. 그런 이유로 바그다
드의 충격과 공포는 2003년 3월 20일부터 시작된다. 7천 년
동안 반복되어 온 그 오열의 수난사가 다시 찾아온 것이다. 아
시아·아프리카·유럽 대륙의 문지방인 메소포타미아평원. 그
숱한 외침과 파괴의 역사 속에 '슬픈 바그다드'가 되어버린 사
연은 어쩌면 지정학적 위치에 따른 천형으로 돌려야 할지 모른
다.
　바그다드의 어둠 속에서 들리던 폭음처럼, 부시의 주장은 공
허하다. 후세인은 전 세계를 향하여 도전해 왔고, 미국에 대한
위협이 너무 크기 때문에, 어쩔 수 없는 방어적 차원에서 미국
은 공격해야 한다고 외친다. 그 증거로 부시가 내세우는 것은
9·11테러와 대량살상무기이다. 그런 관점에서 미군은 해방군
으로 등장한다. 인류를 위험에 빠뜨리는 대량살상무기의 폐기

와 후세인의 폭정 속에서 신음하고 있는 이라크 국민들을 해방시키는 '착한 군대'라는 것이다.

미국의 국가안보위원회는 후세인의 태도를 '스스로 초래한 자살행위'라는 말로 몰아쳤다. 이란과의 전쟁 때 이라크가 생화학 무기를 사용했고, 쿠르드 반군을 학살하기 위해 화학무기를 사용한 전적이 있으며 쿠웨이트를 침공한 전과가 있다는 것이다. 이라크 공격을 위해 부시가 내세운 또 다른 근거는 유엔헌장 51조에 규정된 정당방위 조항이다. 무기가 발달하고, 공격 속도가 빨라졌기 때문에 적이 국경을 넘어올 때까지 기다렸다가는 이미 늦는다는 논리다.

부시의 빈약한 근거는 걸프전에까지 매달렸다. 당시 이라크에 대한 무력 사용을 승인한 유엔 결의 678호와 이라크의 무장해제를 휴전 조건으로 규정한 687호가 유효하다고 본 것이다. 그러나 2002년 말 채택된 유엔 결의 1441호로 기존 이라크 관련 결의안의 지속성과 효력이 사실상 중단됐다는 것이 대다수 국제법 학자들의 견해다. 미국이 강변하는 "이라크가 휴전 조건을 준수하지 않았기 때문에 유엔 결의 678호에 의거, 여전히 군사력을 사용할 수 있다"는 주장은 전혀 설득력을 얻지 못했다.

걸프전 때 미국과 함께 했던 동지들은 이제 영국만 남았다. 따라서 동맹의 유효성에 대해 의문을 던지지 않을 수 없다. 어제의 동지가 오늘의 적이 되는 현실이라고는 하지만 국제사회의 냉정함에 무서움마저 든다. 동맹국이란 같은 무기를 사용하는 군대를 의미한다. 자국의 군대에서 사용하는 무기나 장비가 같은 나라끼리는 서로 소통할 수밖에 없다. 군대의 생명인 명령 체계가 작전을 수행하는 데 결정적이다. 프랑스와 독일의 무기 체계가 미국과 다르다는 점은 눈여겨볼 대목이 아닐 수 없다.

전쟁 전의 국제사회는 부시의 손을 들어주지 않았다. 이것은 9·11 테러 직후에 일어난 국제사회의 전폭적인 지지와 크게 다른 모습이다. 국제사회의 이 같은 지지 철회는 아프간전쟁 이후 미국에 대한 반감이라고 보여진다. 그것은 미국의 군사적 패권에 대한 거부이다. 그러나 미국은 전혀 귀담아 듣지 않는다. 유엔의 이라크 무기사찰과 안보리 논의는 다만 절차에 불과할 뿐이다. 부시는 언제나 전쟁중인 것이다.

지난 해 미국의 안보정책은 50여 년 동안 지속되던 억제정책에서 선제공격으로 바뀌었다. 전쟁의 위협과 테러를 막기 위해 위협국과 테러 세력의 본거지 및 지원세력에 선제공격을 할 수 있다는 정책이다. 미국 내 전문가들조차도 독자적 판단만으로 다른 나라를 공격하는 것은 명백히 국제법의 테두리를 넘어선다고 우려한다. 슬로터 미 국제법학회장은 "바로 이런 부분에 대한 판단을 위해 유엔 안보리가 있는 것인데 부시 행정부는 이를 법적 행위가 아닌 정치적 행위라는 이유로 무시하고 있다"고 지적했다.

다소 낭만적이기는 하지만, 언어학자 노암 촘스키는 전쟁이 한창 진행 중이던 2003년 3월 31일, 미국의 대안 인터넷 매체인 Z-Net에 게재한 글에서 반전과 반미의 목소리를 높였다.

이라크전쟁을 중지시키기 위해 또는 시리아나 이란, 북

한, 베네수엘라에서 또 다른 전쟁이 벌어지는 것을 억제하기 위해 우리는 강력한 평화운동을 벌여야 한다. 무엇보다도 중요한 것은 운동에 동참하는 숫자를 늘리는 것이다. 미국의 예방전쟁에 반대한다. 군사비용을 의료서비스, 교육 등으로 돌려라.

부시는 이라크의 대량살상무기는 물론 핵무기를 제조하기 위한 프로그램, 지하 및 이동 생산시설 등에 대해 수차례 언급했다. 그러나 유엔사찰에서도 국제사회를 설득시킬만한 대량살상무기의 개발과 보유의 증거를 찾아내지 못했다. 이는 이라크전쟁 중에도 마찬가지였다. 그 같은 무기에 대한 존재 여부는 부시 스스로가 증명해야 할 과제로 남겨졌다.

반전주의자들은 이라크에 있는 생화학무기들이 오히려 미국에서 구입한 것이라고 말한다. 이는 미국의 국방장관 럼스펠드가 직접 싸인한 것이며, 특히 레이건 정부 시절 아랍 담당 안보관으로 후세인과 무기 및 기술이전에 대한 협정에 직접 서명했다고 말한다. 여하튼 미국의 이라크에 대한 무기수출은 쿠웨이트 침공 하루 전까지도 이루어지고 있었던 것으로 알려져 있다

후세인은 그가 과거에 지은 죄로 인해 중동과 서방에 위협의 요소가 될 수 있다는 미국의 주장에 대해선 서방 세계는 물론 다수 아랍 국가들도 내심으로 동조한다. 그렇다고 해서 국제사회의 원칙과 유엔 헌장을 무시한 미국의 일방적 무력침공을 인정하는 것은 아니다.

빈 라덴에 대한 의혹의 화살을 부시는 후세인에게 돌린다.

그러나 미국이 제기하는 후세인과 알 카에다와의 관련설은 큰 설득력을 얻지 못한다. 후세인과 알 카에다 지도자 오사마 빈 라덴은 이념적으로 어울리지 않는다는 것이다. 사실 빈 라덴의 눈에는 후세인이 이슬람 신앙을 파괴한 '배교자'로 밖에 보이지 않는다. 이는 최근 공개된 육성 녹음 테이프에서도 분명히 나타난다. 이라크의 집권당인 바트당의 독재적 사회주의 이념은 이슬람 근본주의자 빈 라덴에게 참을 수 없는 이단인 것이다.

문제는 이러한 부시의 주장이 미국 국민들로부터 전폭적인 지지를 받고 있다는 사실이다. 문학평론가 이어령은 신(新)전쟁은 '마침표 없는 전쟁'이라고 표현한다. 부시 가문의 대를 이은 이라크 침공도 아직 마침표를 찍지 못했다. 전쟁은 아직 끝나지 않았으며, 그것은 앞으로도 계속될 것이다. 부시는 거대한 스펙타클 영화의 감독이다. 거기에 동원된 미국의 엑스트라들은 감독의 메가폰에 의해 일제히 움직인다. 안방에서 보는 실전상황은 영화보다 더 흥미롭다. CNN이나 폭스 뉴스 또는 알 자지라를 통해 축구경기처럼 중계되는 전투장면은 현장감은 있으나, 반대로 현실감이 상실된다. 그것을 보는 우리들은 무의식중에 살육의 현장을 단지 '멋있다. 멋없다'로 평가한다. 이제 전쟁까지도 이미지화 되어 간다. 부시의 손에 들려있는 완성되지 않은 시나리오에 마침표가 찍히지 않는 한 미국의 주장은 계속될 것이다.

일부 논자들은 그릇된 평화론으로 전쟁을 호도한다. 그들의 주장은 강경론자들에게 힘을 실어주는 구실을 한다. 평소 강국

들의 군사력이 이라크나 이란 같은 문제적인 국가들의 고삐를
죄었더라면 걸프전이나 9·11테러 같은 일은 일어나지 않았을
것이라는 주장이다. 파시스트와 파시스트의 충돌은 사막의 기
온을 더욱 달군다. 그들에 의해서 바그다드는 불타고 지구는 불
모의 땅이 되고 있다.

그럼에도 불구하고 바그다드의 의지는 확고하다. 제국주의
에 대한 민족주의의 저항은 처절할 정도였다. 전쟁 중의 이라크
국경에는 바그다드로 돌아가려는 이라크 국민들로 북새통을
이뤘다. 더 이상 물러설 곳도 없는 후세인으로서는 결사항전만
이 유일한 길이었다. 후세인이 조카딸에게 보낸 편지에 그의 의
지가 잘 드러나 있다. 다음은 이라크 텔레비전 앵커가 대신 읽
은 편지의 내용이다. 이라크인들의 보편적인 정서가 아닐까.

사랑하는 나의 딸(조카) 투라야야! 네 편지에 미군이 바
그다드에 진격하더라도 다른 독실한 이슬람교도와 같이
행동하라고 명한 알라의 말씀대로 그들에 맞서 싸우겠
다고 적혀 있더구나. 나의 딸들 투라야와 아흘람을 비롯
한 우리 모두에게 신의 은총이 가득하기를! 적들을 물리
칠 수 있기를! 우리에겐 예언자의 땅, 우리의 신성한 땅
을 지키려는 수천 명의 전사들이 있다. 그들은 적들이
굴복할 때까지 싸울 것이다. 신은 위대하다. 우리 이라
크 국민들이여 영원하라! 조국 이라크여 영원하라! 모든
이라크 국민 속에 내재돼 있는 투라야의 정신도 영원하
라!

이라크 어린이들이
대통령 후세인에게
보낸 편지.

석유와 코카콜라

프랑스의 문명비평가 자크 아탈리는 인류의 역사를 전쟁의 역
사로 규정한다. 슬프게도 전쟁은 인류가 생존하기 위해서 선택
한 존재방식이다. 문명의 발달과 상관없이 극도의 문명사회인
21세기에도 전쟁이 존재함을 우리는 확인하고 있다. 인류에게
서 욕망을 제거하지 않는 한 전쟁의 종식은 요원한 과제일 것이
라는 절망감 속에.

거대한 불가사리 미국은 욕망하는 기계덩어리이다. 현대사
회 또한 쇠로 만들어진 기계들이다. 쇠붙이들은 모두 석유에 대

한 갈증으로 삐그덕거린다. 불가사리의 폭력성은 석유를 향해 달려간다. 석유를 빼앗긴 사람들의 손엔 코카콜라가 들려 있다. 언제나 그랬듯이 운이 좋으면 맥도널드 햄버거도 한 개씩 추가될 것이다. 오각형의 불가사리 팬타곤의 속내는 석유에 대한 군침 흘리기라는데 아직까지 이견이 없다. 황금은 개인의 욕망을 채우지만 검은 황금은 국가의 욕망을 채운다. 이런 이유로 아름다운 티그리스강과 유프라테스강 사이에서 욕망의 충돌은 부끄러움을 모른다.

겉으로 드러나는 것과 달리 이번 전쟁의 가장 큰 이유는 다름 아닌 석유였다. 뉴욕의 반전시위에서 '석유와 피를 바꾸지 말라!' 는 구호가 보인 것은 우연이 아니다. 미국 대통령 부시가 테러와의 전쟁을 선포한 이후 이란과 이라크의 반미 감정은 더욱 거세졌다. 이에 따라 석유수입 국가들은 앞을 점치기 힘든 불안한 상황에 내몰렸다. 9 · 11 테러 이전부터 이슬람 세계에 팽배해 있던 반미감정이 극에 달해 중동의 정세가 불안해져 왔던 것이다. 그들은 미국이 오직 석유를 약탈하기 위해 중동을 지배하고 있는 것으로 본다. 그런 의미에서 미군의 사우디아라비아 주둔을 이슬람 성지에 대한 점령으로 간주한다.

맥도널드 햄버거 체인점이 있는 나라들 사이에서는 전쟁이 일어나지 않는다는 말이 있다. 아랍 세계에서 오직 맥도널드 햄버거가 없는 나라는 이라크와 이란 그리고 시리아뿐이다. 맥도널드와 코카콜라로 대표되는 미국 자본주의는 석유냄새에 민감하다. 부시를 앞세운 그들의 진군은 결국 메소포타미아평원에 발자국을 찍었다.

아프가니스탄전쟁 때 미국은 알 카에다의 공격을 빌미로 주변 9개 나라에 미군기지를 건설했다. 이들 중앙아시아 국가들은 모두 풍부한 천연가스와 석유를 갖고 있는 나라들이다. 점점 커지는 아시아 시장의 석유패권을 장악하기 위해서 아프가니스탄을 관통하는 석유 파이프라인 건설 추진에 장애가 되는 방해세력을 제거했다. 우크라이나 등지에 있는 석유는 걸프만 다음으로 많은 매장량을 갖고 있는 것으로 알려져 있다.

불가사리의 촉수는 어디든 뻗어간다. 남아메리카와 아프리카도 예외는 아니다. 안정된 석유공급을 위해 미국은 베네수엘라에 관여했다. 민주적으로 당선된 대통령을 상대로 쿠데타를 도모하고 있는 세력을 지원하고 있다. 베네수엘라는 미국의 3번째 원유 수입국이다. 뿐만 아니라 아프리카의 나이지리아에도 계속되는 군사적 지원을 통해서 그곳의 석유를 노리고 있다.

다른 국가들에 대해서는 간접적 지원형태지만 이라크에 대해서는 전면전을 선택했다. 왜 그럴까? 이유는 이라크의 석유가 다른 국가와 질적으로 다르기 때문이다. 중앙아시아나 시베리아에 묻혀 있는 석유들과도 많은 차이가 있다. 욕망의 극대화를 위한 위험부담은 자본주의 사회의 기본법칙이다.

이라크 석유를 미국이 집착하는 이유는 그 질에 있다. 이라크의 원유는 유용한 화학성분을 많이 함유하고 있다. 카본 함유량이 높으며 이에 반해 유황은 아주 적게 함유하고 있다. 따라서 고품질 석유를 생산할 수 있는 최고의 원유이다. 그 방대한 양 또한 미국의 구미를 자극한다. 현재 발견된 것만 1,112억 배럴로서 전 세계 매장량의 11퍼센트를 차지하고 있다. 개발되지 않은 유전까지 포함하면 4천억 배럴을 거뜬히 넘길 수 있다고 평가된다. 2030년이면 전 세계 생산량의 30퍼센트 정도를 차지할 수 있는 엄청난 양이 생산될 것이다.

이라크 석유의 또 다른 이점은 채굴비용이 매우 적다는 것이다. 땅을 깊게 파고 들어가지 않아도 석유를 채굴할 수 있다. 땅속의 지하수나 천연가스의 압력을 증대시켜 조그만 시추구멍을 통해서도 엄청난 양의 석유가 뿜어져 나온다. 실제로 전체 유전의 삼분의 일이 6백 미터 정도만 파면 석유가 나온다. 이러한 천혜의 조건은 석유 생산단가를 배럴당 1.5달러 아래로 낮출 수 있다. 비교적 생산단가가 낮다는 오만이나 말레이시아도 배럴당 5달러 가량 들고 텍사스의 경우에는 20달러의 비용이 소요된다. 미국산 석유의 경우 국제유가가 20달러 미만으로 거래될 때에는 파낼수록 손해를 보는 것이다.

이런 양질의 방대한 양은 전체적으로 3조2천억 달러의 가치가 있다. 이를 연도별로 환산하면 이라크 정부와 50 대 50으로 그 이익을 나눈다고 해도 연간 수익이 약 5백억 달러에 이르게 된다. 현재 세계 5대 정유회사를 합친 이익금이 연간 약 440억 달러 정도로 봤을 때 그 이익의 규모는 상상하기 어려울 정도다.

미국과 영국이 연합군을 결성하여 이라크를 침공한 있는 것은 형제국가라서가 아니었다. 그것은 세계 석유시장의 분포를 보면 확연히 드러난다. 현재 세계 석유산업을 지배하고 있는 5대 회사를 살펴보면, 미국과 영국이 상위 4개 회사를, 그 다음이 프랑스 회사가 차지하고 있다. 이라크 석유회사가 국유화되

기 전에는 미국과 영국 회사가 이라크 석유의 75퍼센트를 차지하고 있었다. 국유화가 진행된 후 이들 회사와 이라크 정부 사이에 관계가 나빠지면서 미국과 영국 회사들은 더 이상 이라크 석유에 손을 댈 수 없었다.

세계 석유시장의 수위를 차지하고 있는 미·영의 메이저 석유회사 엑손모빌, 쉐브론텍사코, 영국석유, 로얄더치쉘 등은 그간 수십 억 달러를 새로운 유전을 개발하기 위해 중동 바깥에 쏟아 부었지만, 그들이 발견한 유전은 전 세계 매장량의 4퍼센트에 지나지 않으며, 이는 지금 속도로 보면 고작 12년 동안 쓸 수 있는 적은 양이다.

걸프전쟁 이후 미국과 영국의 기업들은 비밀리에 이라크와 거래를 시도했으나 실패로 돌아갔다. 최근에는 프랑스의 토탈엘프피나사와 중국의 중국국제정유회사, 그리고 러시아의 루크

오일이 수천 억 달러 규모의 채굴권 계약을 이라크와 체결했다. 경제제재 조치가 풀리는 즉시 발효되는 이러한 계약에 일본, 독일, 이탈리아 등의 업체들이 달려들고 있다. 영국과 미국에 뿌리를 두고 있는 정유업체들이 이라크에서의 주도권 확보에 실패하고 있었다는 것이다. 그래서인지 현재 미국업체들은 새로운 친미 이라크 정권이 세워지면, 그간 후세인 정권 하에서 체결된 모든 거래 계약을 무효화시킬 것을 강력히 주장하고 있다.

미국은 이라크 점령 후 그들의 물품을 구호품 명목으로 뿌리고 있다. 이제 이라크 사람들에게 코카콜라는 뼈를 삭이는 유혹이 될 것이다. 이어서 헐리우드 영화가 환상의 이미지를 만들어 '람보'의 세계로 안내하고, 석유의 대체재로서 코카콜라가 자리할 것이다. 이런 점에서 『Time』에 실린 에스코바의 말은 시사하는 바가 크다.

> 전쟁만큼 훌륭한 비즈니스는 없다. 십여 년 전 이라크와의 전쟁을 통해서 미국은 걸프만에 미군기지를 갖게 되었고, 유고슬라비아와의 전쟁을 통해 보스니아, 마케도니아, 코소보에도 기지를 세웠다. 아프가니스탄과의 전쟁을 통해서는 우즈베키스탄, 파키스탄, 아프가니스탄, 터어키, 그루지아, 아제르바이잔에 군사기지를 갖게 되었다.

20세기 초 이탈리아 미래파 화가들은 '전쟁은 세계의 유일한 위생 대책'이라고 했다. 자동차와 무기와 속도를 예찬한 그들의 미래를 우리는 지금 슬픈 마음으로 목도하고 있다. 좋은 전쟁은 없지만 나쁜 평화는 있다. 타자의 생명을 담보로 자신의 이익을 극대화하는 것이 전쟁이라는 최악의 비즈니스이다. 미군은 그 비즈니스를 위해 일하는 역군으로 비춰진다. 한 걸음 더 나가면 해방군으로 바뀐다.

미국의 의도는 확고하다. 이라크인들이 후세인을 몰아내든 말든 문제가 되지 않는다는 것이다. 미국은 어떤 경우에라도 이라크를 관리하겠다는 의사가 분명하다. 미국의 의도는 대량살상무기의 제거가 아니라 이라크를 점령하고 통치하는 것이다. 이라크의 석유자원을 장악하고, 나아가 미국의 세력권을 확장할 수 있는 것을 그들은 해방이라고 한다.

걸프전은 석기시대의 전쟁

이번 이라크전쟁은 걸프전과 자주 비교된다. '미국을 위시한 서방세계와의 재대결'이란 큰 틀이 이번에는 깨졌다. 프랑스나 독일 등 유럽의 강대국들이 등을 돌린 것이다. 12년 전의 상황과는 시작과 전개과정에 큰 차이가 있고, 어쩌면 결과에 따른 후폭풍(後暴風)의 양상도 달라질 것이다.

미국 대통령 부시 부자는 재선을 한 해 앞두고 불황에 빠진 시기에 개전선언을 했다. 그러나 유엔의 지지를 얻는 데 아버지는 성공했고 아들은 실패했다. 이런 결과로 걸프전 때에는 28개국이 유엔 연합군을 구성했으나, 이번에는 미국과 영국군이

흙으로 만들어진 메소포타미아의 문화재는 폭격은 물론 포탄의 진동만으로도 위험에 처할 수 있다.

주력일 뿐이다. 부시의 외로운 싸움은 오히려 강공 드라이브를 걸게 했다고 보여진다. 이겨야 한다는 강박감에 폭력성이 오히려 더 커진 것이다.

걸프전이 이라크의 쿠웨이트 침공을 명분으로 한 반면, 이라크전쟁은 9·11테러 배후인 알 카에다를 후원하고 대량살상무기를 만들어 온 후세인 대통령에 대한 응징을 내세웠다. 걸프전 때 미군은 5주일 이상 공습을 한 뒤에 지상군을 투입하여 나흘 만에 전쟁을 끝냈다. 그러나 이번 전쟁에서 미군은 개전 초기에 걸프전의 열 배에 달하는 미사일과 폭탄을 퍼붓고 곧바로 지상군을 투입했다.

이라크 측을 살펴보면 걸프전에 비해 전략·전술이 한층 향상됐다는 평가다. 대량살상무기를 전혀 쓰지 않아 미국에 책잡히지 않으면서도, 사막은 내주고 도시를 지키는 게릴라 전술로 연합군의 진격을 막았다. 미군은 이번 전쟁 개시 후 일주일도 안 돼 수도 바그다드 인근까지 다다랐으나, 보급로 확보에 어려움을 겪었다. 이라크군은 미군 주력 전투부대가 지날 때는 잠복한 뒤 보급대가 뒤쫓아갈 때만 골라서 공격하는 전법을 썼다. '괴롭히기 사격'이라 불리는 이라크 게릴라들의 공격은 바그다드 공략에 나선 미군 최정예 제101 공중강습사단 등 핵심 부대의 작전을 방해했다. 물론 이 작전이 너무나 큰 화력의 차이를 극복하지는 못했지만 말이다.

이번 전쟁에서 미군에 의한 공격은 걸프만에서 시작되었다. 바스라를 거쳐 바그다드까지 가는데만 2주일이 걸렸다. 이것은 땅의 개념과 관계가 있다. 정착적 사고가 몸에 밴 미국은 그들이 확보한 땅만을 영토라고 본다. 반면 유목민들의 개념은 다르다. 유목민들에게 영토는 과정이다. 그들에게 국경은 무의미하다. 750년 전 몽골군이 바그다드를 점령했을 때, 그들은 북쪽 산악지대를 통과해 바그다드를 향했다. 그들에게 중간에 놓인 땅은 의미가 없었다. 그러나 이번의 미군들은 좁은 걸프만을 통과해 올라갔다. 최첨단 무기를 갖고 가장 일차원적인 전투를 한 셈이다.

이라크는 정치선전전(戰)에서도 밀리지 않았다. 홍보나 심리전에서 연합군의 과장이 종종 드러난 반면, 이라크는 상대적으로 정확한 선전과 보도로 신뢰성을 쌓았다. 대표적인 중립지인 영국의 『인디펜던트』지조차 '이라크의 전황 브리핑은 구체적이며 연합군에 비하면 훨씬 정확하다'고 말할 지경이다.

현대전의 특징은 미디어전쟁이기도 하다. 언론사들은 양쪽으로 갈라져 자기 측에 이로운 보도를 하기에 바빴다. 연합군이나 이라크군에게는 막강한 지원군인 셈이다. 그들은 전쟁의 명분을 위해 싸운다. 한편은 전쟁의 당위성에, 다른 한편은 미국의 폭력성에 앵글을 맞춘다.

이번 전쟁에서 특히 눈에 띤 것은 알 자지라 방송이었다. 미국 CNN이 걸프전의 전설이었다면, 알 자지라 방송은 이라크의 가장 강력한 무기로 평가받았다. 카타르에 본부를 둔 아랍계 위성방송인 알 자지라는 미디어 여론 선전전을 주도했다. 카타르 도하에 위치한 미 중부사령부가 '이라크 육군 51사단 사령관 칼레드 알 하셰미 준장이 사단 병력 전체를 이끌고 투항했다'고 발표한 직후, 알 자지라는 '미국이 거짓말을 하고 있다'는 알 하셰미 준장 본인의 인터뷰를 방송해 미국의 공신력을 일거에 무너뜨렸다.

알 자지라는 생포된 미군을 TV화면으로 공개한 것을 비롯해 미 아파치 헬기 격추 · 장갑차 격파 등의 사실을 브리핑한 뒤 곧바로 화면으로 보여줬다. 이런 보도는 미국 내에서 반향을 일으키고, 국제적으로 반전 분위기를 고조시켰다.

전쟁이 발발하자 바그다드에는 세계 유수의 매스컴 기자들이 남아 전쟁 소식을 알려주고 있었지만 리얼타임으로 곳곳의 전쟁실황을 방영하고 있는 알 자지라 방송과는 처음부터 경쟁이 되지 않았다. 그들은 바그다드 시민들 속에 깊숙이 들어가 있었던 것이다. 알 자지라 방송의 분전은 이라크에게는 정예 사단보다도 더 큰 도움이 되었다. 현대전에서 미디어의 역할은 그 효과를 측정하기 불가능할 만큼 크다.

이라크는 걸프전 때 많은 유정에 불을 질러 국제 사회에 비난을 샀음을 고려해서 인지, 이번에는 유정을 건드리지 않았다.

폭격으로 파괴된 바
그다드.

이라크 남부 라마일라의 유정 수백 개 중 7개가 불탔으나, 의도
된 방화인지는 아직 불분명하다. 또 걸프전 때 미군의 공습이
있자마자 이스라엘에 미사일을 발사해 적으로 삼았던 것과 달
리 이번엔 이스라엘을 공격하지 않았다. 이는 걸프전 경험을 살
린 전략으로 풀이된다. 한스 블릭스 유엔 무기사찰단장은 "이
번 전쟁에서 이라크가 유엔이 금지한 대량살상무기를 사용한
흔적이 발견되지 않는다"고 말했다. 그는 이라크 측의 생화학
무기 사용 가능성에 대해서도 부정적 견해를 보였다. 대량살상
무기를 침공 명분으로 내세운 미국은 곤혹스러운 입장이다.

　미·영 정부는 걸프전 때처럼 이라크 국민들이 반(反)후세인
봉기를 일으키거나 지휘부 내 쿠데타가 일어날 것으로 확신했
다. 시아파 무슬림의 반란을 기대하기도 했다. 그러나 이런 분
석은 미국 내 매파나 신보수주의자들의 순진한 환상으로 풀이
된다. 시아파가 후세인을 미워할 수는 있어도, 12년 전 남부 시
아파 폭동에서 그들을 내팽개친 미국·영국에 대한 혐오감에

는 미칠 수 없으며, 시아파이기 전에 먼저 이라크인이란 점을 무시한 것이다.

『워싱턴포스트』는 이라크군의 저항이 예상외로 강력하고, 투항자도 걸프전 때보다 훨씬 적다고 보도했다. 걸프전 때는 미 지상군 투입 초기에 이라크군 수만 명이 항복한 반면, 이번 전쟁에서는 투항한 이라크 병사가 그리 많지 않음을 미군 지도부도 인정했다. 물론 패전 이후 병사들의 항복은 경우가 다른 것이다.

족집게 전쟁

걸프전은 석기시대의 전쟁이라고 할 만큼 이번 전쟁은 신개념의 현대전이다. 걸프전 때 민간인의 사망은 이라크 주장으로는 5만여 명, 미국 측의 집계로는 3천여 명이었지만, 이번 전쟁은 목표물을 정확하게 폭격하는 족집게 공습으로 민간인 사망자가 극히 적을 것이라고 개전 초부터 미군은 주장했다. 미군은 걸프전 때 오폭으로 민간인 수백 명을 숨지게 했고, 지난해 아프가니스탄 전쟁에서도 10여 차례 오폭을 했다.

미군에 따르면 개전 이후 나흘 동안 폭격기·전폭기가 1천 회 이상 출격하고 토마호크 크루즈 미사일을 350기 이상 발사했는데도, 공격목표를 국가지휘부·지휘통제통신 등 군 주요 시설에 국한했다고 한다. 미군은 첩보위성·정찰기·무인항공기·공중조기경보통제기·E-8 조인트 스타스 등을 이용해 정보를 수집하고, 지구위치확인 시스템 위성의 유도를 받는 토마호크 미사일·합동직격탄 등 정밀유도무기를 발사하는 스마트 폭격이나 네트워크 전을 벌이고 있다고 했다. 걸프전 때엔 날씨의 영향을 받지 않는 GPS위성 유도 폭탄·미사일이 사용되지 않았다.

미국의 정보혁명은 놀랄만한 정확도를 갖고 있다. 3미터의 오차범위에서 이루어지는 정밀한 폭격은 족집게 포격이라는 신조어를 탄생시켰다. 옛날 창이나 활을 사용할 때처럼 목표한 대상만을 상하게 하는 신개념의 전쟁이라고 한다.

그러나 이번에도 공습이 계속되면서 미사일 오폭·이라크의 인간방패 작전에 따른 민간인 피해가 확산되었다. 연합군이 발사한 미사일 두 기가 바그다드 주거지역에 떨어져 민간인 8명이 사망하고 33명이 부상한 것으로 알려졌다. 또한 바그다드 시내의 종군기자들이 묵고 있는 호텔에도 포격을 가했다. 우미드 무바라크 보건장관은 '미국이 이라크 국민의 항전의지를 꺾기 위해 고의로 민간인을 공격하고 있다'고 비난했다. 이에 대해 미군은 오히려 이라크의 인간방패 작전을 비난했다. 민간인 주거지역과 군시설이 섞여있다는 거다.

'디지털 전쟁'이라 말하지만 미·영 연합군 내부의 오인 사격 또는 폭격에 의한 피해도 많았다. 이라크 남부 나시리야 부근에선 미군 병력 간 오인 사격이 발생해 적어도 37명 이상이 부상하고 차량 6대가 파괴됐다. 이라크군과 야간전투를 벌이던 영국군 전차끼리 오인 포격을 해 영국군 4명이 사상한 적이 있고, 미국의 패트리어트 미사일이 영국 전투기를 격추하는 일까

바그다드에서 만난
초롱한 눈망울의 아
이들.

지 발생했다. 쿠르드족 군대에 대한 오인 사격으로 많은 인명피
해가 나기도 했다. 전문가들은 서로 다른 시스템으로 구성된
미·영 연합군 간 협조문제, 모래바람 등으로 첨단장비가 제대
로 작동하지 않았을 가능성을 지적한다.

걸프전은 연합군의 완벽한 승리로 장식됐지만 당시에도 전
쟁의 당위성과 승전의 허구성에 대한 지적은 있었다. 독일 『슈
피겔』지는 미국이 걸프전을 정치적 목적으로 이용하기 위해 왜
곡과 과장을 통한 거짓선전을 일삼았다고 폭로했다. 이라크의
쿠웨이트 침공 직후, 체니 미국 국방장관이 파드 사우디 국왕에
게 미국의 군사적 개입이 불가피함을 설득하기 위해 첩보위성
사진을 제시했지만, 미국이 주장했던 이라크군 25만 명과 탱크
1천5백 대는 사진 어디에서도 확인되지 않았다고 이 잡지는 전
했다. 미군 정보당국은 이라크가 35개의 스커드 발사대를 보유
했다고 판단했다가 실제는 200개 이상으로 드러나자, 화학무

기 공격가능성을 과장하고 지상전에서 독가스전을 피할 수 없다고 주장했다. 그러나 실제 이라크군이 화학전 태세를 갖추고 있다는 조짐은 전혀 없었다.

현대전이 미디어 전쟁임은 이미 걸프전 때에 증명된 사실이다. 이제 미디어는 전쟁의 종속개념이나 보조개념이 아니다. 미디어 자체가 전쟁이고 무기라고 할 수 있다. 우리는 이번 전쟁에서 실시간으로 전쟁상황을 보면서 모두 공감하였을 것이다. 이미 전쟁은 안방에 들어와 있으며, 그렇기 때문에 더 위험하다. 더 자극적인 것을 원하고 치열한 것을 바란다. 미국의 모 신문사 기자가 사진을 조작한 사건은 이를 반증한다. 전쟁조차 이미지화 되고 있는 실정이다.

이미지는 반성을 하지 않는다. 불타는 바그다드가 얼마나 아름다운지 미친 네로 황제처럼 사람들의 머리에 각인시킨다. 승리를 장담하다가도 비참한 장면 하나로 반전여론이 기승을 부릴 수 있다. 그러면 전쟁은 끝이다. 텔레비전과 인터넷의 화면에서 만들어 내는 이미지에 첨단무기를 갖춘 미군조차 전혀 속수무책인 것이다. 청소년들은 충격과 공포의 바그다드를 단지 컴퓨터 게임의 일부로 착각할 수 있다. 이미지 전쟁의 후유증은 앞으로 해결해야할 과제이다.

초승달 지역의 검은 구름

세계자연보존연맹은 이번 이라크전쟁이 걸프전보다 훨씬 심각한 환경파괴를 야기할 것이라고 경고했다. 그들은 강, 습지, 늪, 사막 등에서 이 같은 피해가 재연될 경우 장기적으로 엄청난 충격을 주게 될 것임을 주장한다. 현대전에서 인간과 생태환경에 끼치는 폐해는 그 부채를 수십 년 동안 갚아야 할 정도로 엄청나다. 비옥한 초승달 지역에서의 검은 구름은 생태계에 치명적인 오류를 범하고 있다.

전쟁은 재앙이다. 인명이 희생되거나 재산만 파괴되는 것이 아니다. 인류에게 주는 정신적 공황상태는 물론 자연과 환경의 파괴를 비롯하여 인류의 소중한 문화유산도 큰 상처를 입는다. 이미 걸프전에서도 당연히 그러한 파괴는 자행됐다. 걸프전의 특징 중 하나는 군사전략이란 명분으로 의도적인 환경파괴가 최초로 자행됐다는 점이다. 이라크는 미 해병대의 상륙을 저지할 목적으로 대량의 원유를 걸프해역에 방류했고, 쿠웨이트 유전들에 불을 질렀다. 방류된 원유량은 330만 배럴로 이를 제거하는데 무려 6백억 달러의 비용이 들었다.

러시아 자연과학아카데미의 저명한 환경과학자 올레그 사라흐틴 박사는 티그리스강과 유프라테스강 유역으로 흘러 넘친 석유는 강줄기를 타고 걸프만으로 유입돼 바다 생태계와 주변 환경에 심각한 영향을 미칠 것이라고 경고했다. 특히 걸프만은 폐쇄된 해역이어서 기름이 정체되었고 걸프 연안을 온통 두꺼운 검은색 기름으로 오염시켰다.

걸프만 연안의 국가인 사우디아라비아, 바레인, 카타르, 아랍에미리트 등은 식수의 대부분을 해수로부터 담수화하여 쓰고 있다. 걸프전으로 인해 이런 국가들은 식수원을 잃는 피해를

봤다. 이라크는 걸프만 기름유출 외에도 쿠웨이트 유전 6백 개 중 5백 개를 폭격하거나 방화하는 악의적 행위를 계속하였는데, 당시 하루에 불타는 석유량이 460만 배럴에 달하였으며, 여기서 배출되는 대규모 매연으로 인접국가들이 많은 피해를 보았을 뿐만 아니라 전쟁이 끝난 후 불을 끄는 데 2년이나 걸렸다.

유정 방화에 따른 대기 오염도 심각하다. 유정 방화는 이라크가 쿠웨이트를 초토화하는 작전의 하나로 택한 작전이었다. 여기서 발생한 매연이 제트기류를 타고 확산됐으며, 이로 인해 사우디 다란에서 이란 중부지역까지 햇빛이 차단됐다. 이는 핵겨울과 유사한 현상이다. 일조량의 감소로 기온이 하강하고, 농작물 생장의 감소와 산성비로 인해 삼림이 고사되는 등 피해를 냈다. 당시 지구환경재단은 걸프전으로 인한 환경파괴를 금액으로 환산할 경우 7530억 달러에 이른다고 추산했다.

연합군측에 의한 환경오염도 이에 못지 않다. 걸프전 당시 다국적군은 이라크 남부지역에서 320톤 가량의 열압력폭탄 ·

전자기폭탄·열화우라늄탄 등 무차별적 대량살상무기를 사용했다. 이라크 남부지역은 열화우라늄탄의 사용으로 인한 방사능 오염으로 걸프전 이후 그 지역에서 암과 백혈병 발병률이 여섯 배나 증가했다고 이라크 암 전문의들은 말한다. 걸프전 참전 병사들이 앓는 기억력감퇴·만성피로·현기증·우울증·집중력감퇴 등에 대한 통칭인 걸프증후군도 이 폭탄의 후유증이라는 주장이 제기되고 있어 조사가 진행 중이다.

이번 이라크전쟁에서도 미군은 열화우라늄탄을 사용한 것으로 알려져 우려가 일고 있다. 열화우라늄탄은 인체와 환경에 대한 방사능 후유증이 있어 논란이 일고 있는 무기이다. 미군은 A10 공격기·해리어 전투기·에이브럼스 탱크 등에서 열화우라늄탄을 사용했다고 시인했다.

생태계의 보고인 메소포타미아 습지의 경우 걸프전 당시 1만5천㎢에 이르렀으나 지금은 90퍼센트 이상이 파괴돼 50㎢로 줄어들었다. 전쟁으로 인해 습지가 거의 황폐화되다시피 했으며, 이로 인해 시베리아에서 남아프리카에 이르는 범지구적 생태환경에 심각한 영향을 주고 있다.

메소포다미아평원은 지구의 배꼽이다. 평원의 습지이자 겨울 철새의 세계 5대 도래지 가운데 하나이며, 세계적인 물떼새 중간기착지이다. 도깨비쥐와 수달은 멸종을 기다리고 있다. 그 평원에 수만 개의 구멍이 생기고, 하늘은 검은 연기로 뒤덮였다. 기름 유출은 생명체들의 목을 조인다. 파편의 날카로움이 모래의 부드러움을 소멸시킨다. 방사능에 의한 오염은 생태계에 막대한 부작용을 초래한다. 비옥한 초승달 지역은 이제 불타는 초승달 지역으로 바뀐 것이다.

저항의 세기

이라크전쟁을 통한 미국의 패권주의와 세계질서 재편 전략에 대해 항거하는 반전론이 전 세계적으로 거세게 일고 있다. 그동안 걸프전 · 소말리아전 · 아프가니스탄전에 대해서도 반전론은 있었지만 이번 반전운동과는 규모 · 국적 · 직업 · 계층면에서 비교가 되지 않는다. 환경단체들을 필두로 반전운동은 전지구적인 흐름을 형성하고 있다. 그들은 이라크에 대한 공격은 수없이 많은 인명피해를 낳을 것이고, 인간의 주거지와 자연의 서식지를 파괴한다고 말한다. 또 미국이 사용하는 열압력폭탄 · 전자기폭탄 · 열화우라늄탄 등의 무차별적인 대량살상무기가 전인류를 위협한다고 본다. 불발탄과 독성화학물질로 토양이 오염될 것이고, 군사비 지출의 증가로 인해 주요한 사회 · 교육 · 의학 · 환경 예산을 고갈시킨는 것이다. 또한 공격은 복수를 낳는다는 점을 감안할 때, 미국과 영국의 공격은 자국민에 대한 안전을 위협하는 행위인 것이다.

민간단체의 의견을 물론 미국은 개전 전부터 유엔을 철저히 무시했고, 심지어 유엔의 해체와 새로운 국제기구 창설의 의지까지 내비치고 있다. 존 F 케네디 대통령의 특별보좌관을 지냈던 역사학자 아더 슐레진저는 "미국은 모든 것을 무시했으며 이런 미국이 과연 세계의 재판관이자 배심원이며 형 집행관을

걸프전에 희생당한 친구들을 추모하며 군복을 입은 소년들이 반전 시위를 벌인다.

자임할 수 있는가?"라며, "후세인보다 부시가 평화에 더 위협이 되는 것으로 받아들여진다"고 일갈했다.

이번 전쟁을 전후해 미국은 프랑스 등 다른 나라들과 갈등을 빚기도 했다. 미국은 대통령 전용기 등에서 프렌치 토스트·프렌치 프라이 등 프렌치란 단어를 없앨 정도로 프랑스에 대해 민감한 반응을 나타냈다.

자존심의 나라 프랑스는 미국과의 관계에 있어 이미 걸프전 때 상처를 입은 바 있다. 인도차이나 전쟁 등 수십 년 동안 식민지 전쟁에서 패전을 거듭했던 프랑스는 걸프전 참전으로 모처럼 승리의 쾌감을 느꼈다. 특히 경쟁국인 독일이 걸프전 당시 소극적 입장을 보인 반대급부도 있었다. 그러나 정작 승전 후

국내 여론에서부터 걸프전은 무고한 이라크 민간인을 희생시킨 파괴의 전쟁이었고, 프랑스의 이익을 미국에 지나치게 종속시켰다는 비판을 감수해야 했다.

미·영 언론들까지 자국 지도부의 오류를 지적하고 나섰다. 『뉴욕타임스』는 "아프간전에서는 CIA가 미국 특수부대와 현지 반정부 세력을 긴밀하게 연결했으나, 이번에는 국방부가 CIA에 의존할 필요를 느끼지 못했다. 정보 분석가들의 경고에도 불구하고 후세인 정권의 취약성에 대한 낙관론이 백악관·국방부·CIA에 만연했다"라고 비꼰다.

언론의 미국 흔들기는 점점 심화되는 추세였다. 믿었던 종군 프로그램 참가 기자들조차 비우호적인 기사를 내보내자, 미국 정부는 촉각을 곤두세웠다. 대통령 선거 재선을 앞두고 전쟁에 대한 국민들의 여론은 부시에게 가장 큰 부담이기 때문이다. 그러한 여론의 주도권은 오직 언론이 쥐고 있다. 그럼에도 불구하고 미국의 언론은 국익을 우선하는 이중성을 보인다.

이번 전쟁은 개전 초기부터 불협화음이 나왔다. 걸프전이 일사불란으로 느껴질 만큼 비교되는 대목이다. 이번 이라크 공습을 찬성했던 『워싱턴포스트』는 '미국이 전쟁의 대상으로 삼아야 할 이라크 군대 대신 고위 지도층을 이번 전쟁의 대상으로 삼아 전략을 수립했다' 면서, '이라크군의 지속적인 반격은 미군이 그동안 펼친 가공할 만한 심리전이 얼마나 효과적이었는지 의심하게 한다' 고 지적했다. 영국의 『데일리메일』은 '민간인 희생을 최소화하기 위해 상대로부터 총격이 가해지기 전까지 총을 쏘지 말라고 지시한 것은 우려할 만하며, 영국군의 교

2장 충격과 공포의 바그다드

89

전규칙에 대한 의문이 나오고 있다'고 전했다. 프랑스 AFP통신은 '이라크군의 투항을 독려하고 민간인의 마음을 빼앗아 이라크를 전복하려는 연합군의 전략도 환상처럼 보인다'고 전했다.

전쟁에 이겨도 희생이 너무 커서 승리의 의미가 없게 된 경우, 즉 '피로스의 승리'가 이번 전쟁에서 미국의 운명이 될 것이라는 부정적 시각도 있다. 재위기간 내내 전쟁에 임했던 고대 그리스 북서부 에피로스의 왕 피로스가 승전의 허상을 알려주는 대명사가 됐듯, 부시 미 대통령도 4년 임기를 전쟁으로 보낸 대통령으로 기록될 수 있다는 견해다. 그는 아프가니스탄에서 탈레반 정권을 몰아냈고, 이번엔 이라크에서 후세인 축출을 꾀했다. 걸프전과 달리 상당수 우방국가들까지도 외면한 가운데 외로운 전쟁을 치뤘다. 영국 외에는 전쟁비용을 분담할 이도 없다. 승전이라는 목적을 달성한 이후에도 그것은 달라질 것이 없다.

미국 내에서는 천문학적 액수의 전비나 젊은이들의 소중한 목숨뿐 아니라, 미 국민의 애국심·단결력, 세계 경찰국가로서의 자부심마저 상처를 입을지 모른다는 위기감이 감돌았다. 그에 반해 이번 반전시위는 국가와 인종, 종교와 이념을 뛰어넘어 한 목소리를 내는데 특색이 있다. 그런 의미에서 미국은 여론전쟁의 패자임이 확실하다. 인터넷 시대에 지구촌은 이미 동일 소통의 시대이다. 따라서 지구촌 사람들의 등돌림 현상은 전쟁의 결과와 상관없이 미국의 패배를 인정하는 것이 아닐까.

등돌림 현상의 예외는 전후 복구사업이다. 각종 천연자원에

대한 지배권과 정치적 입김은 승전국이 갖는다고 하더라도, 전
후 복구 지원사업은 여러 나라가 참여할 수 있다. 따라서 우리
나라는 참전국의 기득권을 이용하여 일정액의 부를 창출할 수
있을 것이다. 뒤에서 칼을 갈아준 댓가로 받는 천박한 자본에
세계는 군침을 삼키고 있다. 사자의 먹이 주위를 맴도는 하이에
나들에겐 남겨진 뼈만이 진실이다.

3장

바그다드의 별

족장에서 영웅으로

이라크 대통령 사담 후세인(Saddam Hussein). 사담은 아랍어로 맞서는 자라는 뜻이다. 그러나 현재 이 이름에는 기름 부음을 받은 자, 아랍의 자존심, 위대한 삼촌이라는 칭송과 미국의 공적, 학살자, 과대망상증 환자라는 오명이 함께 따라 붙는다. 스스로도 자신을 영예로운 지도자 마호메트의 직계 후손, 혁명평의회 의장, 군 총사령관 등 다양한 수식어로 표현해 왔다.

1979년 권좌에 오른 이래 2천4백 만 이라크 국민을 움직이고, 초강대국 미국에 맞서는 그의 힘은 어디서 나오는 것일까? 일반적으로 권력자 후세인을 일관되게 지배해 온 것은 일에 대한 뛰어난 집중력과 조직장악 능력, 철저한 자기관리, 신이 아랍부흥을 이끌라고 자신에게 부여한 운명에 대한 확신이라고 말한다. 후세인의 이러한 내면세계는 이라크 국민과 인접국들에게 때로는 권위와 존경을, 때로는 공포와 비난을 초래하는 원천이 됐다.

후세인의 정치철학은 족장의 정신세계에서 시작된다. 한때 이라크의 공보장관을 지냈다가 현재 런던에 망명 중인 살라 오마르 알 알리는 사담이 가족중심의 활동 패턴을 더 큰 무대로 옮긴 인물이라고 평했다. 실제로 후세인은 바그다드 북쪽 티크리트 지역인 자신의 고향 사람들로 이라크 군부와 보안군, 혁명수비대 등의 요직을 채웠다. 그러나 이라크가 150여 개의 부족으로 나뉘어져 있고, 종교적으로는 소수인 이슬람 수니파가 다

파르다우스 모스크 옆에 세워진 후세인 동상.

수인 시아파를 지배하고, 인종적으로는 아랍계, 쿠르드계, 투르크계, 아시리아계 등으로 갈갈이 찢겨져 있는 국가라는 점을 고려할 때, 불가피한 선택이라는 지적도 있다.

수세기 동안 부족에 대한 충성은 사막사회에서 생존과 법 질서의 근간이었고, 이라크 정치에서도 이는 예외가 아니었다. 바트당의 쿠데타를 성공시키고 1인자에 오른 아미드 하산 알 바크르는 같은 티크리트 출신인 후세인을 2인자로 선택해 키웠고, 권력의 중심이 된 혁명평의회 의원의 60퍼센트는 티크리트 출신이었다.

3장 바그다드의 별

95

강압적으로라도 부족 연합체인 이라크를 통일국가로서 한 단계 끌어올리기 위해서 후세인이 신뢰할 수 있었던 것은 오직 자기 부족과 고향 뿐이었다. 『사담 후세인 평전』을 쓴 사이드 K. 아부리쉬는 미국 공영방송과의 인터뷰에서 부족으로 나눠어진 이라크에 단일국가로서의 개념을 심어준 사람이라고 후세인을 평가한다.

1937년 4월 28일생인 후세인은 티크리트의 알 카타브 부족 출신이다. 알 카타브는 이라크 내에서 폭력적이고, 머리가 약은 사람들로 알려져 있다. 머리가 좋은 반면에, 도둑이나 사기꾼이라는 인식도 더러 있다. 그는 바그다드에서 북쪽으로 160킬로미터 떨어진 티크리트의 동쪽 아우자라는 작은 마을에서 태어났다. 이라크에선 수니파의 하층민이나 유목민인 베두인족만이 폭력적이고 거친 이름을 사용하는데, 사담이라는 이름의 뜻을 고려할 때, 그의 미천한 출신배경을 짐작케 한다.

후세인의 어린 시절은 그를 이해하는데 많은 단서를 제공한다. 유복자였던 그는 계부 밑에서 온갖 학대를 받고 자랐다. 계부는 사담을 매질하면서 도둑질과 동냥을 강요했고, 학교 다닐 나이가 지나서도 그는 제대로 교육을 받지 못했다. 늘 굶주림과 맨발의 생활, 제대로 배우지 못한 데에 대한 열등의식, 아버지라는 보호막이 없는데서 비롯된 불안감 등은 그의 어린 시절을 지배했다. 하지만 그의 이런 유년기는 비슷한 처지의 많은 이라크 국민들로부터 공감대를 샀고, 후세인은 나중에 이를 오히려 정치적 이미지로 활용했다. 그의 오른 손목 근처에 표시된 3개의 짙은 파란색 점들은 자신이 속한 씨족의 정체를 알리기 위해

5~6세 때 새겨진 문신으로, 나이가 들수록 흐릿해졌다. 그러나 그는 자신의 이런 미천한 출신배경을 결코 숨기지 않았다.

사담은 외사촌 아드난(나중에 육군 참모총장과 국방장관이 된다)이 학교 다니는 것을 보고, 아홉 살 때 인근 마을에서 교사 생활을 하던 외삼촌 카이르알라 탈파의 집으로 가출했다. 이라크군 장교 출신인 카이르알라는 어린 후세인에게 조물주의 실수는 파리와 유대인을 만든 것이라며 반유대주의와 아랍단결의 필요성을 가르쳤다.

야망을 가진 서민출신의 청년들처럼 후세인은 사관학교에 응시했으나 낙방했다. 당시 아랍세계는 서방의 정치·경제적 식민 지배로부터 벗어나 실질적인 독립을 목표로 하는 이집트 대통령 나세르의 범아랍주의와 아랍통일을 지향하는 아랍민족주의에 열광했다. 후세인은 범아랍주의에 깊이 빠졌고, 친나세르주의를 표방한 이라크 바트당에서 기량을 키우며, 정치 소용돌이의 현장에 몸을 던졌다. 이러한 현상은 중동지역에서 독점적 지배구조를 계속 유지하려는 미국과 서구, 이들과 이해를 같이 하는 사우디아라비아 등 보수 왕정국가들을 긴장시켰다.

카셈 장군의 군사 쿠데타 이후, 이라크의 파워 엘리트들은 크게 두 개의 세력, 즉 공산주의 세력과 바트당이 중심이 된 친나세르 세력으로 양분됐다. 공산주의 세력에 의존적이었던 카셈 정권은 바그다드조약기구의 탈퇴와 쿠웨이트에 대한 영유권, 이라크 석유회사의 국유화 등을 주장하다 알리프가 주도하는 바트당 세력에 의해 붕괴됐다. 알 바크르가 주도하는 바트당 쿠데타가 일어났고, 티크리트 출신들이 권력의 중심이 되면서

사담 후세인은 2인자로 등장했다.

바트당 쿠데타가 성공했을 때 그의 나이는 불과 31세였다. 이때 그의 아젠다는 권력장악과 이라크의 근대화 두 가지 뿐이었다. 권력을 장악한 그가 추구했던 것은 부강한 이라크였고, 그 목표를 이루기 위해서는 자신에게로의 권력이 집중될 필요가 있었다. 그는 농산부 업무에서 시작해 모두들 더러운 일이라고 피했던 보안군 책임자를 자원했고 석유관리 · 이라크 북부 쿠르드족 문제 담당에 이르기까지 자신의 권한 영역을 계속 넓혀 나갔다. 후세인은 하루 18시간 이상 일을 하면서 당시 1인자였던 바크르의 전폭적인 신임을 샀다. 항상 일에 치어 살았지만 그는 약속 시간을 1분의 오차도 없이 지키는 인물로 정평이 나 있었다. 같은 시기 그는 새로운 권력기반을 이용해 정적들에 대한 숙청작업에 들어갔다. 후세인은 쿠르드족 반란을 진압하고 이라크내 다수인 시아파를 억압하며, 자신의 정치적 입지를 강화해 갔다.

일찍부터 사담은 이라크 근대화 프로그램을 가동한다. 그는 주변인들에게 "배부른 인민은 혁명을 꿈꾸지 않는다"는 말을 자주 했다고 한다. 인종과 종교로 갈갈이 찢어진 이라크의 안정을 꾀하는 방법은 모두가 잘 사는 길밖에 없다고 생각한 것이다. 여기엔 양아버지의 매질 속에서 동냥을 하고, 아홉 살까지 글을 읽지 못했던 유년기의 경험과 아랍의 보고인 석유가 서방세계에 의해 사정없이 유린되는 현실을 보면서 가졌던 청년시절의 통분이 크게 작용했다.

후세인에게 석유개발사업을 조언했던 아부리쉬는 후세인의 꿈은 이라크를 20세기로 끌어올리는 것이라고 단언한다. 아부리쉬는 지난해 8월 미국 공영방송과의 인터뷰에서 후세인은 왜 세계 최고의 기업들이 이라크에 오지 않느냐며 이들 기업을 유치하기 위해 이라크가 해야 할 것들을 집요하게 묻곤 했다고 회고했다.

그의 근대화 프로그램 실행과정은 매우 거칠었다. 부통령 시절 실시했던 문맹퇴치 프로그램이 그런 경우이다. 후세인은 깨달음의 날을 선포해 마을마다 15~45세의 사람들은 누구나 읽고 쓰기를 배우도록 했고, 일정한 테스트를 통과하지 못한 사람은 누구든 징역 3년에 처했다. 모두 6만2천여 명의 교사와 관료들이 이 사업에 투입됐고, 아랍권에서도 교육 전문가들이 대거 이라크로 수입됐다. 후세인은 이때의 공로로 유네스코로부터 상을 받았다. 아부리쉬는 "후세인은 근대화만 된다면, 국민의 절반이 희생돼도 감수하겠다는 잔혹함을 갖춘 인물"이라고 말한다.

교육 프로그램을 통해 이라크의 여학생 수는 종전보다 세 배로 늘어났다. 여성의 군 입대와 사관학교 입학이 허용됐고, 문맹을 깨친 이라크 여성들의 의사 · 약사 · 교사 등 사회 전문직 진출도 급속도로 늘어났다. 오늘날 이라크의 대학들이 여성들로 넘쳐나는 것도 바로 이 때의 여성 지위향상 노력이 발판이 된 것이다. 당연히 후세인은 남성들보다 여성들에게서 더욱 인기를 끌었다.

후세인이 근대화를 꾀할 수 있었던 재원은 바로 막대한 양의 석유였다. 후세인은 영국과 미국 등 메이저 석유회사들의 통제 하에 있던 석유산업을 국유화했고, 엄청나게 증가된 국가 수입을 경제개발에 쏟아 부었다. 모든 석유 전문가들이 국유화 시도는 자칫 서방 메이저 석유회사들의 보복만을 불러일으킬 뿐이라고 만류하던 시절, 후세인은 석유를 둘러싼 해박한 지식과 구체적인 수치를 꿰면서 목표를 향한 그의 집요함을 과시했고, 결국 성공했다.

후세인은 인근의 석유로 졸부가 된 왕들이 사치스런 관저를 짓는 것과는 달리, 국가의 하부구조를 튼튼히 하는데 열중했다. 학교와 도로건설, 공공주택의 공급, 병원설립이 그의 목표였고, 이라크는 중동에서 최고의 공중보건제도를 이룩했다. 약속을 지키는 그에 대한 국민의 지지도는 치솟을 수밖에 없었다.

후세인은 1979년 7월 마침내 혁명평의회 의장(대통령)에 오른다. 그리고 매우 공개적이고 잔인한 반대파 숙청에 나섰다. 그는 혁명평의회 위원들을 모아 놓고, 매우 슬픈 표정으로 우리 중에 시리아의 지원으로 나를 몰아내려는 모반자가 있다고 발표한다. 곧 이어, 사전에 고문을 받은 혁명위원회의 사무총장 무하이가 끌려 나와 한사람 한사람 역모 가담자의 이름을 불렀고, 그 자리는 완전히 공포의 도가니가 됐다.

호명된 가담자들이 모두 끌려나간 뒤, 연단에 오른 후세인은 눈물을 닦았고, 남은 사람들 사이에서 사담 후세인을 지지하는 박수와 연호가 터져 나왔다. 그곳에 남은 사람들은 모두 테러의 공모자가 된 것이다. 이 날 혁명평의회 소속 위원 중 3분의 1에 해당하는 60명이 공개처형됐고, 회의에서 공개처형에 이르는 모든 장면을 녹화한 비디오는 이라크 전역에서 방영됐다. 이라크인들은 이후 모든 권력이 누구에게 쏠려 있는지 분명히 알 수 있었다. 집권한 지 3년여 만에 같은 바트당원이면서 시리아 바트당과 연계돼 있던 반대파들과 공산당원들은 완전히 제거됐다. 후세인은 선거를 통한 국민의회의 창설과 근대화 작업을 통해 대중을 자신의 지지 기반으로 만들었다

후세인에게 집중된 권력은 역설적으로 그의 고립을 부채질했다. 그는 자신에게 오는 보고서가 그의 심기가 불편해지지 않도록, 이미 두세 번 걸러졌다는 사실을 알고 있었다. 보좌관들은 그에게 비현실적인 통계자료들을 보고했고, 거짓말은 점점 늘어갈 수밖에 없었다. 후세인은 자신이 지상낙원을 건설했다고 믿는 바보는 아니다. 종종 보고서의 요약본과 첨부된 증빙서

류를 일일이 대조하거나 현장을 기습방문하기도 한다. 후세인은 참모들과의 회의에서 목소리를 높이는 일이 거의 없다. 그는 종종 농작물 작황에서부터 핵분열에 이르는 잡다한 지식을 과시하고 참모들에게 끊임없이 물어본다. 만약 보고내용을 심도 있게 물어보는 그의 질문에 제대로 답하지 못할 경우 회의는 매우 험악한 분위기로 번질 수 있었다.

신이 부여한 운명

후세인에게 이슬람은 자신의 소명의식을 확신케 하는 것인 동시에, 자신의 통치도구이기도 하다. 그는 지금까지 공식적으로는 세 차례 이상의 죽을 고비를 넘겼다. 범아랍 사회주의 정당인 바트당 열성당원 시절, 후세인은 이집트가 주도한 아랍연합공화국과의 합병을 반대한 당시 총리인 알 카림 카셈의 암살을 꾀했다가 다리에 총상을 입고 간신히 피신했다.

또한 군부 쿠데타로 정부를 붕괴시킨 압둘 살람 아리프 대통령에 대항해 소요를 일으켰다가 겨우 사형을 면했다. 이란과의 전쟁중에는 대통령의 신분으로 최전선 시찰에 나섰다가 갑작스럽게 이라크군이 밀리면서 이란군이 형성한 전선의 후방에 단신으로 갇힌 적도 있다. 이때 그는 권총 한 자루에 의지해 바위 틈에서 전세 역전을 기다렸다. 걸프전 때에는 미국 중앙정보국이 그의 차량을 공격하기도 했고, 이라크전 개전 첫날엔 그의 지하벙커에 집중포격이 가해지기도 했다.

사담은 모든 것을 이겨냈고, 이때마다 그는 자신의 행로는
신이 내린 것이고, 자신의 위대함은 신이 부여한 운명이라고 확
신한다. 그는 3년 간 자신이 기증한 피를 모아서, 6백여 쪽의
코란을 수필(手筆)하도록 했다. 후세인의 피로 쓰여진 코란은
바그다드의 한 박물관에 전시돼 있다. 이라크인들은 이제 신이
마호메트에게 직접 구술했다는 코란이 자신들의 대통령인 후
세인의 피로 쓰여진 것을 읽게 된 것이다.

　이런 과대망상 탓에 후세인은 종종 오판을 했다. 그는 쿠웨
이트를 침공하면서, 미국 등 서방세계의 반응을 과소평가했고,
이듬해 연합국의 걸프전 개전을 3일 앞두고도 "두려워 말라.
예루살렘의 문이 내 앞에 활짝 열렸다"고 호언했다. 그의 최측
근 참모들조차 쿠웨이트 침공에 대한 후세인의 확신에 감히 반
기를 들 수 없었다고 한다.

걸프전 이후 국제사회의 경제제재로 인한 이라크인들의 궁핍이 극에 달하자, 후세인은 이슬람 신앙 캠페인에 돌입한다. 이전까지 이라크에선 술집, 나이트 클럽과 같은 유흥가가 허용됐었고, 사회생활 면에선 중동국가 중 가장 세속적인 국가였다. 그러나 사람들은 가난을 이기기 위해, 코란이 명하는 대로 하루 다섯 번씩 기도하기 시작했고, 베일을 두르는 여성들의 수도 계속 늘어났다. 바그다드대학 사회학과 교수인 이산 하산은 "우리처럼 위기를 겪는 사회에선 종교가 사람들의 영혼을 달래고 위기를 견디는 힘을 주기 마련이다"고 말한다.

서방의 경제제재는 이라크 국민들에게 물리적 고통을 주었지만 그것은 오히려 긍정적으로 작용하기도 한다. 모래바람이 쉴새없이 몰아치는 사막에서 샤워를 하지 못하는 고통은 이라크인보다는 미 · 영 연합군 병사들이 더 컸다. 에어컨과 냉장고를 사용하지 않는 덕에 열악한 자연환경은 그 땅을 살아온 사람들에게 유리한 조건으로 바뀐다. 이라크인들은 실제로 미국의 경제원조를 갈구하지 않는다. 이는 아랍 세계 대부분이 갖는 공통의 정서인데, 10여 년에 걸친 경제제제는 후세인을 아랍의 영웅으로 만드는 데 한 몫을 담당해 주기도 하였다.

국민들이 정통 이슬람 신앙으로 복귀하는 것은 현실의 어려움을 이기게 하는 영적 세계이다. 그러나 이는 정치적으로도 중요한 문제이다. 후세인은 국민의 반수를 넘게 차지하는 시아파 무슬림들이 같은 시아파 국가인 이란의 영향력 아래 놓이는 것을 우려하고 있다. 또 사우디아라비아를 지배하는 또 다른 형태의 이슬람 근본주의인 와하비즘이 이라크로 번질 가능성에 대해서도 우려를 표했다.

후세인으로서는 걸프전과 이후 계속되는 국제사회의 경제제재로 인해 국민들이 느끼는 경제적 박탈감을 위무해야 하고, 동시에 외부로부터 특정 이슬람 종파의 영향력이 수입되는 것도 막아야 하는 이중의 문제를 안고 있는 것이다. 그는 이를 위해 독자적인 이슬람 정책을 선택했다. 모든 학생은 중학교때까지 코란을 완전히 배우도록 했고, 하루 18시간 동안 코란만을 다루는 라디오 방송도 생겼다. 사담국제이슬람대학교가 설립돼, 외국 학생들에게까지 종교교육을 제공했고, 이슬람 교사와 종교 지도자를 양성하는 사담대학도 설립됐다. 이런 이슬람 신앙 캠페인의 가장 큰 부분은 현재 바그다드 시내에 건설중인, 자신의 이름을 딴 중동 최대의 사원인 사담 후세인 모스크이다.

후세인이 진정으로 믿는 종교가 있다면, 이는 아랍역사와 문화의 우수성에 대한 신념이다. 그에게 역사는 힘의 이동이다. 그리고 지금 미국은 비록 패권을 쥐고 있다고는 하나, 이라크나 다른 아랍 국가들의 풍부한 역사적 유산을 갖지 못했으며 따라서 일시적인 현상일 뿐이라고 본다. 그에게 미국은 이교도이고 열등한 국가이다. 미국의 패권은 곧 교정될 역사의 일탈일 뿐인 것이다. 역사에서 당연히 세계의 정상을 차지해야 할 곳은 바로 아랍이다. 후세인은 걸프전 개전 11주년을 맞아 우리가 문명이라는 단어에 부여하는 깊고 심원한 의미에서 볼 때, 미국인들은 아직 문명을 이루지 못했다고 말했다.

이란과의 전쟁을 계기로, 그의 아젠다는 이전의 국가 개발에서 아랍 지도자로서 자신의 이미지를 구축하는 쪽으로 선회한

걸프만에 자리한 바
스라시의 평온한 모
습. 이라크전쟁 직전
의 상황이다.

다. 아랍의 맹주가 되겠다는 그의 야망은 분할된 아랍 세계에서
기득권을 지키려는 보수 왕정들 및 서방 세계와 자신의 이름 그
대로 충돌할 수밖에 없는 운명을 맞았다. 청소년시절부터 범아
랍주의는 그의 정신적 기초였다. 그는 아랍 세계를 열광시킨 당
시 이집트 대통령처럼 자신도 제2의 나세르가 되기를 열망한
다. 후세인은 3차 중동전쟁에서 이집트가 패배하고, 이어 나세
르가 사망하면서 생긴 아랍 세계의 지도력 공백을 자신이 메우
려 했다. 냉전 시절 미국·서구와 소련·동구권 사이를 적절히
오가며 국익을 챙기는 후세인식 외교는 아랍 민초들에겐 자존
심을 지켜주는 희망이었다.

실제로 그가 부통령 시절에 핵폭탄을 개발하기 위한 전략개

발위원회를 구성했을 때, 이를 반대하는 아랍인은 거의 없었다. 지금도 이라크의 핵무기 보유 가능성으로 인해, 위협받는다고 느끼는 아랍인은 많지 않다. 이스라엘의 핵 보유가 공공연한 비밀인 상황에서 아랍이 이스라엘의 핵 위협에 맞서려면 자신들도 핵을 보유하는 길밖에 없었다는 시각이 지배적이다. 아랍인들은 이라크의 핵이나 대량살상무기가 자신들을 위협하는 것이라고 결코 보지 않았다. 후세인의 근대화 작업은 아랍 전역에서 2백만 명의 근로자를 이라크로 끌어들였다. 그 과정에서 많은 첨단기술과 전문지식이 중동 각지로 퍼져 나갔다. 아랍인들은 이라크의 초기 핵 개발 노력도 첨단기술의 이전과 확산이라는 맥락에서 긍정적으로 평가했다.

이란에서 호메이니가 혁명을 성공시키면서, 사우디아라비아를 비롯한 걸프 산유국들은 이란의 위협에 놓이게 됐다. 후세인은 이 상황을, 이라크가 아랍 세계의 맹주가 되고 자신이 아랍의 지도자로 등장할 수 있는 절호의 기회로 인식했다. 후세인은 두 가지 계산 속에서 이란과의 전쟁을 시작했다. 그는 이란 군부가 이슬람혁명이 일어나면서 분열되고 약해졌기 때문에 조기에 승리할 수 있을 것으로 봤다. 또한 전쟁이 시작되면 아랍 국가들과 서방 세계는 이라크를 적극 지원할 것이며 자신은 페르시아의 위협으로부터 아랍을 구출한 지도자로 부상할 것으로 계산했다. 그러나 이란 군부는 이라크와의 전쟁을 계기로 오히려 재정비됐고, 다른 아랍국가들은 적어도 공식적으론 중립적 태도를 취할 만큼 소극적이었다.

후세인의 빗나간 계산으로 이란과의 전쟁은 8년을 끌었다.

이란과의 장기전으로 재정파탄에 직면한 후세인은 1990년 그간 계속 영유권을 주장해 온 쿠웨이트를 점령했다. 미국의 쿠웨이트에 대한 확고한 안전보장 의지를 정확히 읽지 못한 탓이었다. 그러나 후세인의 입장에서 이는 "생계가 끊어지느니, 목숨이 끊어지는 것이 낫다"는 격언과 같은 현실이었다. 당시 미국과 친미 산유국들은 저유가 정책을 통해 아랍 세계의 부 창출을 방해했고, 아랍인들의 경제적 손실을 틈타 자국의 이익을 극대화시키고 있었다. 미국의 정책은 결국 아랍을 손에 넣으려는 속셈으로밖에 보이지 않았던 것이다. 후세인의 쿠웨이트 침공은 유엔 안보리의 승인을 받은 다국적 연합군에 의해, 걸프전에서 참담한 패배를 맛보아야 했다.

그 기나긴 날들

이라크전쟁이 발발하자 이라크 국영 TV는 후세인의 매우 보기 드문 모습을 방영했다. 미국이 이라크전 개전을 알리며 바그다드의 지하벙커에 있는 후세인과 이라크 최고 군지휘부를 겨냥한 공습을 한 지 수시간만의 일이다. TV에서 결사항전을 다짐하는 대국민 연설을 하는 후세인의 얼굴에는 두꺼운 렌즈의 검은테 안경이 씌어져 있었다. 안경 쓴 후세인, 이는 올해 66세인 후세인이 그 동안 결코 공개 장소에선 보이지 않았던 모습이다. 공포정치가 속에서 지도자가 나이 들어가는 모습은 치명적이다. 독재자는 결코 구부정한 허리나 약한 모습, 허옇게 센 머리

를 공개할 수 없다. 공포정치에서 한 권력자의 노쇠함은 도전과
모반을 초래할 뿐이다.

후세인은 건강에 집착한다. 죽음은 거부할 수는 없지만 최소
한 늦출 수는 있다. 그의 키는 188센티미터, 아직도 한 사람의
키가 큰 의미를 갖는 이라크에서 부하들보다 한 뼘 이상이 더
큰 그의 모습은 매우 인상적이다. 후세인은 새벽 3시에 일어나
수영으로 하루를 시작한다. 수영에 집착하는 이유는 척추가 좋
지 않은 때문이다. 이 탓에 걸을 때 후세인은 절뚝거린다. 그래
서 TV에 비쳐지는 후세인의 걷는 모습은 몇 발짝을 넘지 않는
다. 머리카락은 늘 검게 염색된다. 94~99킬로그램을 오르내
리는 몸무게에 배가 나왔지만, 외투를 벗을 때 외에는 잘 드러
나지 않는다.

그는 고기류 보다는 해물을 더 좋아한다. 이라크전쟁 전에는
주 2회씩 바다가재와 새우, 생선류 등이 그를 위해 공수됐다.
이들 음식재료는 방사능이나 독성검사를 하는 핵물리학자들의
X-레이 검사를 거친 뒤에, 유럽에서 훈련받은 요리사들에게
넘겨진다. 그는 하루에 4~5시간만 자는 것으로 알려져 있다.
잠자리는 매일 바뀐다. 이라크 상황에서 위치가 예측되는 것은
곧 죽음과 직결되기 때문이다. 이라크 전역에 20개가 넘는 대
통령궁들은 마치 그가 있는 것처럼, 매일 세끼의 식사를 준비하
며 모든 직원들이 정상적으로 근무한다. 외양상으로는 그가 궁
에 머물고 있는지 아닌지를 구별할 방법이 없다.

후세인은 엄청난 독서광인 동시에 문학작가이기도 하다. 물
리학에서 연애소설에 이르기까지 그의 독서 폭은 다양한 것으

로 알려져 있다. 영국의 윈스턴 처칠과 같은 문학적 소질이 있는 정치인을 존경한다고 말한다. 그는 이미 세 권의 소설을 썼다. 그의 작품 중 하나인 『자바바와 왕』에서 왕의 연인이었던 자바바는 1월 17일에 강간을 당한다. 이 날은 걸프전이 시작된 날. 왕은 끝내 자바바의 복수를 하고 만다. 일부에선 실제로 이들 작품을 그가 썼는 지에 대해 의혹의 시선을 보내지만 아랍 세계에선 글쓰기가 지식인과 문화인이 갖춰야 할 기본 덕목이기 때문에 위정자가 시집이나 소설을 내는 것이 특이한 일은 아니다. 후세인은 자신의 작품을 출판하기에 앞서 원고를 작가들에게 보내 평을 듣지만 대개는 약간의 조언만을 첨부한다. 그의 실제 글솜씨에 대해서는 아마추어 수준이며 지나치게 현학적인 표현을 쓰려고 한다는 혹평도 있다.

후세인이 가장 좋아하는 작품은 헤밍웨이의 『노인과 바다』이다. 이 소설에서 어부인 주인공 산티아고는 천신만고의 역경과 인내 끝에 대어 말린을 잡는다. 고기 대부분을 상어떼에게 뜯기고 산티아고는 상처 투성이의 빈 손으로 돌아오지만, 그에게는 성공했다는 자부심이 남는다. 노인은 대어와의 싸움에서 인간이 무엇을 할 수 있고, 무엇을 견뎌낼 수 있는지를 보여 준다. 후세인은 망망대해에서 외로운 싸움을 벌였던 그 노인 산티아고를 자신의 운명과 동일시했다.

영국으로 망명한 이라크의 방송 총책임자 사드 알 바자즈에 따르면, 후세인이 좋아하는 영화는 무(無)에서 범죄 제국을 일군 주인공 돈 비토 꼴레오네가 나오는 「대부」라고 한다. 이라크와 같은 사회에서 가장은 모든 권한을 행사하는 대신에 가문의

파워를 확장하고 수호할 무한책임을 지게 된다. 그런 기질을 물려 받은 후세인이 대부를 좋아하는 것은 어쩌면 당연한 일이다.

후세인의 가족들이 지나친 사치를 한다는 내용에 대해선 서방 언론에 많이 소개된 바 있다. 그러나 후세인 자신은 매우 절제된 생활을 한다. 그는 부(富)보다는 후세에 남는 명예에 더 큰 관심이 있다. 존경받고 사랑받고 기억되기를 원한다. 그래서 19권짜리 그의 공식 일대기는 이라크 정부 관리들에겐 필독서이고, 후세인은 3편의 007 영화를 제작했던 영화감독 테렌스 영에게 자신의 일생을 다룬 6시간짜리 필름 「그 기나간 날들」의 제작을 맡기기도 했다. 공식 일대기에서 후세인은 자신이 관심있는 것은 지금 사람들이 자신을 어떻게 생각하느냐가 아니고, 5백 년 뒤의 사람들이 그를 어떻게 생각하느냐는 것이라고 말하고 있다.

5백 년 뒤의 명예를 추구하는 그에게 12세기 십자군전쟁에서 예루살렘을 지켜낸 아랍의 영웅 살라딘은 역사 속에서 그가 벤치 마킹하는 인물이다. 수백 년 전 아랍을 지켜냈던 살라딘처럼, 21세기의 아랍 세계를 서구의 침략으로부터 지켜내고 있는 인물, 이것이 그가 원하는 이미지다. 그가 팔레스타인 자살폭탄 테러범들의 유족들에게 2만5천 달러를 지급하며, 지금도 바그다드 시내 곳곳에 팔레스타인의 대의와 이라크를 동일시하는 격문이 나붙어 있는 것도 바로 이런 세기를 뛰어넘는 두 인물의 외형적 공통점이다. 그것이 모두의 공감으로 승화될지는 역사가 판단할 문제로 남을 수밖에 없다. 그의 희망대로 사담 후세인이 이슬람의 수호자 살라딘이나 바빌론의 영화를 이룬 네부카드네자르 대왕과 같은 평가를 받기 위해 넘어서야 할 현실이 쉽지만은 않다. 그리고 지금의 상황으로 봐선 성공보다는 실패에 가까와 보인다.

살라딘과 느부갓네살

30여년을 최고지도자로 군림했던 후세인에게 국민들의 평가는 필수적이다. 그는 역사에 남는 인물이길 바라며 스스로도 자신의 이미지를 부각시키기 위해 바빌론의 제왕인 네부카드네자르 대왕(성서의 느부갓네살)과 중세시대 이슬람의 영웅이었던 살라딘을 자신과 동일시한다.

이라크인에게 바빌론은 영광의 역사이다. 사담 후세인은 공공연하게 바빌론의 제왕 느부갓네살을 존경한다고 말하는데, 그와 느부갓네살의 얼굴이 함께 그려진 대형 걸개그림이 바그

다드 시내에 종종 걸려 있다. 또 느부갓네살의 의복을 입고 있
는 모습이 TV화면에 등장하기도 한다. 이는 사담 후세인이 이
라크 국민들에게 바빌론의 영화를 회복하겠다는 무언의 메시
지이며, 이라크인이 가진 대국적 기질의 발현이다.

　네부카드네자르 대왕은 메소포타미아 지방을 통일하고 예루
살렘까지 원정하여 '바빌론 유수'를 감행한 고대의 정복자였으
며, 바벨탑과 공중정원을 건설하고 바빌론을 세계 제일의 문화
성지로 일군 지도자였다.

　사담 후세인이 네부카드네자르 대왕을 숭배하는 것은 나름
대로의 이유가 있다. 이는 후세인의 민족주의적 사고라고 볼 수
있다. 후세인은 집권 초기부터 전통문화, 즉 메소포타미아부터

이어진 고대유물에 대한 관리와 재건에 힘써왔다. 후세인의 이러한 작업은 이슬람의 교리와 정면으로 충돌한다. 이슬람은 유일신인 알라 이외의 우상숭배를 금지한다. 반면 이라크의 고대 왕국, 특히 네부카드네자르 대왕의 바빌로니아 왕국은 철저한 다신교였다. 심지어 바빌론은 각 도시국가마다 모시는 신이 따로 있었다. 이는 유일신을 믿는 이슬람 교리에 배치되는 것이다. 이슬람의 교리 첫 번째가 알라 이외에는 다른 신은 없다란 점을 감안하면 잘 알 수 있다. 그런데 그 대표적 인물이라고 할 수 있는 네부카드네자르 대왕을 신봉하는 것은, 후세인이 종교와 별개로 민족주의의 면에서 이라크의 지도자가 될 꿈을 꾼다는 것을 알 수 있다. 과거와 단절하지 않는 행동, 즉 네부카드네자르 대왕을 통해 후세인은 이라크의 최고지도자, 넓게는 전 아랍의 지도자가 될 수 있다고 믿었다. 후세인은 바그다드 북쪽 네부카드네자르 대왕 유적지 바로 옆에 자신의 궁을 지어 놓았다.

네부카드네자르 대왕이 정치적 스승이라면 이슬람의 수호자 살라딘은 종교적 스승이다. 서양인이 살라딘이라고 불렀던 살라 앗 딘의 정식 이름은 살라흐 앗딘 유수프 이븐 아이유브(1137~1193)이다. 이는 욥의 아들이며 정의로운 신앙인 요셉이라는 뜻이다. 쿠르드족 출신으로 이라크 중북부 티크리트 지방에서 태어났는데, 이는 사담 후세인과 같은 고향이다. 그는 처음 누레딘 왕조를 섬기다가 파티마 왕조의 재상에 임명되었다. 이집트의 실권을 잡은 후 칼리프 아디드가 죽자 시아파에 반기를 들고 수니파의 교의를 부활시켜 신왕조의 지배자가 되

었다.

　살라딘이 세운 것이 이집트 아이유브 왕조이다. 왕조의 이름은 살라딘의 부친 아이유브 이븐 샤디에서 유래되었다. 살라딘은 제국의 수도를 카이로에 정하고 이집트 · 시리아 · 팔레스티나 · 예멘 · 메소포타미아에 이르는 광대한 제국을 형성하였다.

　살라딘은 당시 파티마 왕조의 지배하에 있던 이집트의 안전을 위해 또 독실한 이슬람교 신앙을 위해, 예루살렘이 있는 팔레스타인과 시리아 지역을 장악하는 것이 필수적이라고 판단했다. 알렉산드리아에 내습한 십자군을 격퇴한 다음 시리아의 십자군 도시를 차례로 빼앗고 1187년 10월 십자군에 결정적인 타격을 입혀, 빼앗겼던 성지 예루살렘을 88년만에 되찾고 십자군전쟁을 이슬람의 궁극적인 승리로 이끌었다. 또한 제3차 십자군의 리처드 1세와 휴전협정을 맺어, 예루살렘을 포함한 팔레스티나에서 권력을 확보하였다.

십자군에 의한 유대
인 학살을 그린 13세
기 성경 삽화.

살라딘이 이슬람의 영웅이 될 수 있었던 결정적 원인은 십자
군전쟁의 승리, 즉 성지 예루살렘의 탈환이었다. 당시 십자군은
본래의 성격을 잊고 무분별한 약탈과 잔인한 학살을 행하고 있
었다. 1105년에 쓰여진 아퀼러의 레이몬드 기록에는 십자군들
이 예루살렘을 점령하고 난 후 저지른 학살이 이렇게 묘사되어
있다.

도시의 모든 거리와 광장에 머리, 손, 발들의 언덕이 보
인다. 사람들은 아주 공공연하게 죽은 사람들과 말들의
위를 걷고 있다. 그러나 나는 사소한 참사만을 묘사하고

있을 뿐이다... 만약 내가 실제로 본 것을 묘사한다면 당
신은 나를 믿지 않을 것이다.

　비슷한 시기에 쓰인 『다마스쿠스 연대기』는 "많은 사람들이
살해당했다. 유대인들을 유대교회로 모아서, 프랑크인들은 산
채로 그들을 불태워 죽였다"고 말한다. 또 1220년경에 쓰인
『역사이야기 모음집』은 "신성한 도시의 주민들은 칼끝에 내몰
렸고, 프랑크인들은 한 주 동안 회교도들을 대량학살하였다. 그
들은 알 아쿠사 사원에서 7만 명 이상을 죽였다"고 기록한다.
잦은 원정으로 지치고 부패한 십자군의 만행은 여기서 그치지
않는다. 『연대기』의 작가 랄프는 "이슬람인이라면 성인은 가마
솥에 넣어 끓이고 아이는 꼬챙이에 꽂은 채 불에 구워 미친 듯
이 먹었다"는 서신을 교황에게 보냈다. 이슬람인은 십자군을
'싸움질 잘하는 짐승'으로 보았다.
　이러한 잔혹한 전쟁에서의 승리는 전 이슬람인에게 마치 알
라의 구원과도 같은 것이었다. 이슬람인은 열광했고 십자군은
더욱 쇠퇴해 갔다. 당시 십자군들도 살라딘과 맞서기 위해 철저
한 원정준비를 했다. 영국에서는 살라딘 티테라는 세금을 3차
십자군 원정을 위해 거뒀다. 1188년에 쓰인 「살라딘 티테의 군
수품」에는 '각각의 사람들은 올해 예루살렘을 원조하기 위한
목적으로, 기사의 경우 무기를 제외한 말, 옷, 동산과 수입의 십
분의 일을 세금으로 낸다'는 구절이 있다.
　또 살라딘의 조언자인 바하아드 인이 쓴 『살라딘의 전기』에
도 그러한 글이 나온다.

그들의 성벽 뒤로 녹색 수풀에 둘러싸인 한 여자가 있었
는데, 그녀는 나무로 만든 활로 화살을 쏘고 있었고, 그
것으로 우리편 남자 여럿을 부상케 했다. 그녀는 많은
수의 적들에 의해 포위된 상태였다. 우리는 그녀를 죽였
고, 그녀가 술탄에게 겨누었던 활을 가지고 오자, 술탄
은 크게 놀랐다.

여자들까지 군사로 동원된 원정이었지만 전쟁은 영웅 살라
딘의 승리, 제3차 십자군 원정의 실패로 끝났다. 특히 살라딘은
그의 적인 십자군으로부터도 존경을 받았던 인물로 알려져 있
다. 십자군 원정에 참여한 영국왕 리처드 사자심장왕(Richard
the Lion-heart. 그의 용맹으로 인하여 사자심장왕이라는 별
명을 얻었다)은 동료 십자군 원정대보다 이 술탄을 더 존경했다
고 한다.

살라딘의 후계자라 칭하는 사담 후세인으로서도 되돌아볼
대목이다. 살라딘은 정치와 종교 뿐 아니라 지도자로서의 덕목
을 충분히 갖춘 인물이라는 점이다. 이에 대해 시사 주간지
『Time』이 지난 천년을 돌아보며 기획한 세기의 인물 특집은 충
분한 증거가 될 수 있다. 『Time』은 12세기의 역사 인물을 쿠르
드인 살라딘이라고 발표했다. 십자군 원정의 패배자였던 서구
기독교 입장의 시각에서도 살라딘은 위대한 영웅인 것이다.

4장

비옥한 초승달 지대

지구의 배꼽

메소포타미아는 그리스어로 두 강 사이에 있는 땅이란 뜻이다. 즉 유프라테스강과 티그리스강 사이를 말한다. 이 지역은 수메르 · 바빌로니아 · 아시리아 등의 고대국가와 문명의 발상지이다. 지구의 배꼽인 것이다. 역사의 칼날들은 이곳을 향했다. 아케메네스 왕조 · 페르시아 · 알렉산더 대왕 · 사산조 페르시아 등의 침입과 정복이 반복된 곳이다. 바로 지금의 이라크에 해당하는 지역이다. 이라크란 페르시아 말로 낮은 땅이라는 의미를 갖고 있다.

길이 650킬로미터에 너비 200킬로미터인 메소포타미아평원은 강물이 주기적으로 범람하는 곳이다. 범람의 원인은 메소포타미아로부터 멀리 떨어진 북부 산악지대의 폭우에 있었다. 예측하기 힘들고 거센 강의 범람으로 메소포타미아인들은 홍수에 대한 두려움을 가슴 깊이 새길 수밖에 없었다. 이곳에 고대문명을 세운 수메르인들은 홍수의 신이자 전쟁의 신인 니누르타를 악의 신으로 간주했고, 우주 자체를 불안정하고 무서운 것으로 여겼다. 역사학자들은 이런 절망이 오히려 기술을 발전시키고 문명을 태동시키는 원동력이었다고 본다.

메소포타미아는 문명이 싹트던 시절부터 고난과 역경의 예감을 품고 있었다. 특히 이 지역은 지형적인 방어벽이 없어서 주변의 유목민이나 이민족이 침입하기 쉬운 곳이었다. 여기에 아시아 · 아프리카 · 유럽의 3개 대륙을 잇는 지정학적 특성까

지 겹치면서, 이 땅은 끊임없는 침략과 전란을 겪어야 했다. 이를 증명이라도 하듯, 이곳 주민들의 신화와 인생관은 전투적이며 비관적이다.

고난의 시작은 지금으로부터 무려 7천 년이나 거슬러 올라간다. 기원전 5천 년대에 메소포타미아는 우바드인의 무대였다. 그들은 수메르인의 선배격이다. 메소포타미아 북부에 자리 잡고 농경생활을 하던 우바드인은 이즈음 새롭게 안주할 땅을 찾아 남쪽으로 이동했다. 그곳에는 풍요롭게 흐르는 티그리스강과 유프라테스강이 있었고, 강의 범람이 이루어놓은 평야가 있었다. 농사를 짓기에 이상적인 비옥한 땅이었다. 또 가까이에 갈대가 무성한 늪지와 습지가 있어 물고기와 물새를 얻기 쉬웠고, 봄이면 양이나 염소에게 먹일 풀도 넉넉했다.

우바드인들은 이곳에서 마을과 도시를 세우고, 나름대로의 문명을 만들어갔다. 역사학계는 우바드인을, 인종으로서의 독자성과 문화적 업적을 증명할 수 있는 인류 역사상 최고(最古)의 민족으로 평한다.

빛나는 성취는 질투를 낳게 마련이다. 메소포타미아 남부를 독점적으로 지배하던 우바드인은 경쟁자를 만나게 된다. 아니, 적의 침입을 받게 된다. 기원전 5천 년 무렵, 시리아 사막과 아라비아 반도에 살고 있던 유목민 셈족이 떼를 지어 서쪽으로부터 우바드인의 거주지로 침입한 것이다. 일부는 이곳을 정복해 전리품을 얻으려 했고, 또 다른 일부는 이곳에 정주하려 했다. 두 민족과 문화의 강렬한 만남, 즉 싸움과 전투는 이렇게 오래전부터 이 땅을 찾아왔다.

문명은 수메르에서

미국의 고고학자 사무엘 크레머가 전 세계 유명 박물관에 소장된 점토판 문서들을 검토한 결과 메소포타미아 문명의 첫 주자는 수메르인임을 밝혔다. 점토판에는 낙원설화, 창조설화, 서사시, 학교, 쐐기문자, 의회제도, 법전 등이 기록되어 있는데 세계 최초의 것이 무려 39가지나 된다. '역사는 수메르에서 시작되었다'는 말은 지나친 것이 아니다. 메소포타미아 문명의 진정한 기수인 수메르인은 기원전 3500년쯤에 이 땅에 등장했다. 이는 고대 이집트 문명보다도 앞서는 것으로, 인류는 메소포타미아에서 역사상 처음으로 문명의 싹을 틔웠다. 수메르라는 말의 어원은 세메르에서 왔는데, 셈족의 나라라는 뜻이다. 성경에 나오는 노아의 아들 중에서 장자권을 가진 셈의 나라라는 것이다. 뒤에 바빌로니아로 불리던 지방의 북쪽을 아카드라하고 페르시아만에 면한 남쪽을 수메르라 한다. 그러나 수메르라는 호칭은 아카드인이 부르던 이름이었고, 수메르인들은 스스로를 키엔기라 했다. 그들은 중앙아시아를 경유해 메소포타미아에 이주한 것으로 보인다.

　북부 자그로스 산악지대에서 살다 비옥한 땅을 찾아 남하한 수메르인들은 씨앗을 뿌리면 더 많은 수확을 거둘 수 있다는 것을 알게 되면서 정착생활에 들어갔다. 성곽을 쌓고 도시생활을 하였으며, 쐐기문자로 물표를 만들어 이를 경제활동에 이용했다. 점토를 빚어 만든 물표에 품목들을 식별할 수 있는 표식을 하여 의사소통의 수단으로 또는 물건을 주고받는 증표로 삼음으로써 인류는 비로소 선사시대에서 문자시대로 이행할 수 있었다. 문자가 창안됨으로써 '역사시대'가 열린 것이다.

　따라서 그 이전은 선사시대가 된다. 수메르인들은 이렇듯 문자를 창안한 최초의 민족이다. 그들은 갈대를 잘라 끝을 뾰족하게 한 다음, 아직 굳지 않은 점토판에 쐐기 모양의 글자를 써서 기록하고 계산했다. 인류 최초의 문자인 쐐기문자[楔形文字]가 그것이다. 그 문자는 기원전 50년경까지 거의 3천 년에 걸쳐 고대 오리엔트 전역에서 사용되었다. 문명다운 문명이 건설되면서, 메소포타미아에 드디어 수메르의 시대가 열린 것이다.

　19세기 말 헨리 롤린스라는 특출한 언어학자의 노력 덕분에

우르의 지구라트 벽
면에 새겨져 있는 수
메르의 쐐기문자. 인
류최초의 문자다.

수메르 시대의 쐐기문자를 해독할 수 있게 되었는데, 그들이 남
긴 점토판 문서들을 통해 당시의 정치, 경제, 사회상을 알게 되
었다.

"슈루파크는 그의 아들에게 가르쳤다. 도둑질을 하지 말라.
살인, 강도짓을 하지 말라. 간음을 하지 말라. 젊은 여자와 놀아
나지 말라. 아들아, 내가 가르치겠다. 주의해서 들어라"라는 내
용을 담은 '아버지가 아들에게 주는 가르침'을 통해 자식교육
의 어려움과 중요성은 그때나 지금이나 별반 다르지 않다는 것
을 확인하게 된다. 또 '지우쑤드라 홍수 이야기'는 구약 창세기
에 나오는 '노아의 홍수'와 매우 흡사해 노아의 홍수는 역사적
인 근거를 갖고 있다는 것도 알게 되었다.

이 지방에는 소택지(沼澤地)가 많다. 두 강에서 연유한 홍수
나 걸프만의 높은 조수로 인하여 일찍부터 간척 · 배수 · 관

개 · 제방쌓기 등의 토목공사가 필요했다. 촌락간의 협동작업이 행해졌고 이를 통해 유력한 씨족은 강력한 발언권을 행사했다. 수메르인들은 우바드인의 성취를 발판 삼아 신전, 도시, 관개시설, 행정조직 등으로 이루어진 문명을 발전시켜 나갔다.

마을이 도시로 발전하면서 경계선에 걸린 풍요로운 땅을 놓고 분쟁이 벌어졌다. 분쟁에서 패한 사람들의 신세는 대체로 비참해졌다. 경제적 이유에서 시작되었던 분쟁은 권력 · 위신 · 영토를 건 정치적 목적으로 변질되었고, 결국 전쟁으로 확산되었다. 처음에는 촌락공동체 시대의 평등한 원리가 남아 있었다. 일반시민인 성년남자로 구성되는 민회와 씨족장들의 장로회가 민주적으로 운영되었지만, 의사결정 과정은 점점 지도자 중심으로 바뀌었고, 마침내 왕제를 탄생시켰다.

전쟁이 끊임없이 계속되자 왕은 세습적이고 전제적이며 전투적으로 변했다. 왕의 존립기반은 끊임없는 치세의 확장, 곧 전쟁이었다. 기원전 3천 년쯤 왕제가 확립되면서, 수메르 역사는 전란으로 범벅이 됐다. 10여 개의 도시국가 지배자들은 이 땅 전체의 패권을 놓고 싸움을 쉬지 않았다.

수백 년 동안 고대 이라크 땅은 끊임없이 전쟁의 상처를 입었고, 정복을 일삼던 군대들은 이 땅을 할퀴었다. 구약성서가 전하는 우루크, 아브라함의 탄생지라는 칼데아의 우르 등이 당시의 패권 싸움에 가담한 도시들이다. 야생 당나귀가 이끄는 바퀴 달린 전차, 구리와 주석을 합금한 청동제 무기 같은 '첨단무기'가 개발돼 전쟁에 사용됐다.

수메르 전체의 지배권을 확립한 최초의 도시는 키시로 보인다. 이 도시는 바그다드 남쪽 약 90킬로미터 지점에 그들의 유적을 남겼다. 기원전 3천 년 즈음, 키시의 왕 에타나는 치세의 전성기를 이루었다. 왕들의 치세를 적은 「수메르 왕명표」는 "에타나가 모든 땅을 안정시켰다"고 서술하고 있다.

에타나의 치세가 지난 후, 키시의 남동쪽 160킬로미터 지점에 있던 우루크가 패권을 빼앗았다. 우루크의 초대 왕에 대해 「왕명표」는 "바다에 들어가고 산에 올랐다"고 적고 있다. 우루크에서 가장 유명한 왕은 고대 수메르인들의 기록인 「길가메시 서사시」에 나오는 길가메시이다. 그는 수많은 전설과 신화의 주인공으로 등장한다. 장엄한 영웅의 이야기 속에 인간의 슬픈 운명을 노래한 인류 최초의 서사시로 알려진 「길가메시 서사시」는 기원전 7세기 니느베의 아슈르바니팔 왕궁 서고에서 출토되었다. 12개의 점토서판에서 발견된 내용은 대략 다음과 같다.

지금의 이라크 땅 남부에 있었던 수메르인들의 도시국가 우루크에는 길가메시라는 장사가 왕이 되어 폭정을 행하고 있었다. 그의 횡포에 견디다 못한 백성들은 신에게 호소했다. 신들은 그를 징벌하기 위해 엔키두라는 용사를 지상에 내려보냈다.

길가메시와 엔키두는 격렬하게 싸웠으나, 승부를 가리지 못하고 지쳐서 쓰러졌다. 그 후 두 용사는 오히려 서로 의기투합하여 형제같이 지내며 함께 모험을 떠난다. 그러던 중 엔키두는 신들의 노여움으로 죽음을 맞이한

다. 엔키두의 죽음 앞에서 천하의 영웅 길가메시도 삶의
무상함을 번민하게 된다.

그는 영원한 생명을 찾아 길을 떠난다. 천신만고 끝에
신들의 모임에 다녀 온 현자 우트나피슈팀을 만나 먼 옛
날의 홍수 이야기를 듣고, 깊은 바다 속에 인간을 젊게
만드는 해산물이 있다는 이야기를 듣는다.

길가메시는 바다 속으로 가 드디어 해산물을 구했다. 그

러나 돌아오는 길에 어느 강가에서 목욕을 하던 중 뱀이
나타나 그 해산물을 먹어 버리고, 결국 길가메시는 자신
의 허망한 삶을 한탄하며 고향으로 돌아와 죽는다.

　삶과 죽음이라는 인간의 숙명을 다루는 주제 속에 영웅의 모
험, 아름다운 여인의 유혹, 신과 괴물들의 이야기가 다채롭게
펼쳐지는 이 서사시는 그 후 지중해와 중·근동 지방에 나타난
오딧세이와 헤라클레스 등 각종 영웅담과 신화의 원형이 되었
다.
　길가메시 시대에는 우루크와 키시, 우르 등이 수메르 전체의
패권을 놓고 각축전을 벌이고 있었다. 피비린내 나는 싸움에서
길가메시는 우루크를 승리로 이끌었고, 우루크는 수메르 전체
를 통치하게 됐다. 하지만 처절한 내전은 늘 공동체를 비극으로
이끄는 법이다. 힘이 빠진 수메르는 엘람인의 침입에 무릎을 꿇
어야 했다. 엘람인은 지금의 이란 남서부 지역에 살던 민족으
로, 호시탐탐 수메르를 노려왔다.
　몇몇 도시가 엘람인 치하에 있는 수메르를 구출하기 위해 저
항했다. 하지만 수메르가 뜻을 이룬 것은 길가메시 왕이 죽은
후 약 백 년이 흘러서였다. 수렁에 빠진 수메르를 구한 것은 아
다브라는 도시의 루갈 란네문두였다. 루갈은 수메르어로 왕이
란 뜻이다. 란네문두에 대한 기록은 "란네문두가 모든 다른 나
라로 하여금 공물을 바치게 했다"고 적고 있다. 이로 미루어 란
네문두가 엘람인을 치고 수메르 전체를 지배하는 것에 그치지
않고 인근 도시의 정복에까지 나섰음을 알 수 있다.

슬픈 바그다드

루갈 란네문두가 죽자 수메르는 다시 고질적인 도시국가 사이의 반목에 휩싸여 분열됐다. 메소포타미아 일대는 이후 약 2백 년간 다시 끊이지 않는 전쟁에 휩싸였다. 이러한 혼란 속에 또 다른 도시국가 라가시가 등장한다. 라가시의 3대 왕 에안나툼은 기원전 2450년쯤 통치의 절정기를 이룬다. 그는 이웃도시이자 라이벌이었던 움마와 싸워 대승을 거뒀다. 승리를 기념해 두 도시의 경계에는 「독수리 비문」이 세워졌다. 기념비에는 정전(停戰)조약이 새겨져 있으며, 이는 인류 역사상 최고(最古)의 외교문서로 꼽힌다. 당시의 기록으로는 에안나툼의 「독수리 비문」외에도 움마와의 경계분쟁을 기록한 엔테메나의 「원뿔 비문」, 우르카기나의 「개혁 비문」 등 독창적인 수메르어 작품이 남아있다.

움마를 이긴 에안나툼 왕은 곧이어 우루크, 우르, 키시 등 다른 수메르의 도시국가 정복에 나선다. 전통의 명가인 우루크, 우르, 키시가 에안나툼 앞에 무릎을 꿇었고, 라가시는 수메르의 종주권을 쟁취했다. 하지만 정복의 달콤함은 오래가지 않았다. 에안나툼 왕은 전사했고, 라가시의 힘은 급격히 약해졌다. 얼마 지나지 않아 평화와 자유를 사랑하는 이상주의자 우루카기나가 라가시의 왕위에 올랐다. 우루카기나에 대한 기록인 「개혁 비문」은 개인의 자유라는 이념이 문자로 담긴 세계 최고(最古)의 문서이다.

우루카기나의 이상정치가 현실의 힘까지 키우지는 못했다. 라가시의 국력이 약해지자 분루를 삼키며 기회만 엿보고 있던 숙명의 라이벌 움마가 쳐들어왔다. 움마의 루갈 자시기는 라가

시계(四界)의 왕 사르곤의 청동상.

시를 습격해 신전에 불지르고 온 도시를 약탈했다.

기원전 2300년쯤 움마의 위대한 왕 자시기는 지중해까지 세력을 넓혔다. 하지만 그에게도 비운은 다가오고 있었다. 어두운 그림자를 드리운 주인공은 메소포타미아 북부 지방에 살던 셈족 계열의 아카드인이었다.

아카드의 왕 사르곤은 고대세계에서 가장 위대한 인물 중 하나로 꼽힌다. 대왕의 존칭으로 불리는 몇 안 되는 인물이다. 군

사와 조직, 행정 등에서 발군의 실력을 보인 사르곤은 도시국가
들을 차례로 정복한 후, 마침내 움마의 루갈 자시기와 맞섰다.
사르곤의 기습작전에 루갈 자시기는 생포됐고, 이후 사르곤의
앞길을 막는 정치세력은 없었다. 사르곤의 승리로 인해 메소포
타미아 지방에는 역사상 최초의 통일국가가 들어섰다. 사르곤
은 수도를 아가데에 정했다. 북쪽은 토로스산맥, 남쪽은 걸프
만, 서쪽은 지중해, 동쪽은 엘람에 이르는 광활한 땅을 지배하
에 두어 '사계(四界)의 왕'이라 일컬었다. 그는 외국과의 무역
을 왕실의 독점사업으로 하고, 도량형을 정하는 등의 경제적인
통일도 도모했다. 또한 전사에게는 토지를 나누어주어 봉건제
도를 확립하였다. 그에 대해서 후대의 기록은 이렇게 전한다.

나는 위력있는 왕, 아카드의 왕 사르곤이다.
나의 모친은 비천한 몸이었고 나는 부친을 모른다.
나의 부친의 형제는 산 속에 살고 있었다.
나의 고향은 유프라테스 강변의 이즈피라스이다.
비천한 모친은 나를 잉태했다.
그녀는 나를 남몰래 해산하여 갈대 광주리에 넣고
겉에 역청을 발라서 나를 강에 버렸으나
강은 나를 가라앉히지 않았다.
강은 나를 띄워서 관개자 아키에게 실어갔다.
아키는 나를 자기 아들로 삼아 길렀다.

사르곤에 대한 서사시 「전쟁의 왕」은 수세기에 걸쳐서 유포

되어 아시리아, 소아시아, 이집트까지 읽혀졌는데, 대단히 흥미로운 일은 사르곤에 관한 이야기가 먼 후대 사람인 모세의 어린 시절과 너무나 흡사하다는 것이다.

아카드인의 지배를 받게된 수메르인들은 끈질기게 저항했지만 아카드인들의 무자비한 진압에 짓밟혀야 했다. 아카드 제국은 사르곤의 손자인 나람신 왕 때 최고의 전성기를 누렸다. 루브르박물관에 있는 나람신의 석비를 보면, 나람신은 활을 들고 병사의 선두에 서서 쓰러진 적군의 시체를 짓밟고 서 있다. 치열했던 당시의 전투를 웅변하고 있다.

하지만 아카드 제국도 오래가지는 못했다. 기원전 2200년경 이란고원으로부터 사나운 야만족 구티움이 쳐들어오면서 아카드 제국은 멸망했다. 아카드가 건립해 놓았던 화려한 도시 아가데는 구티움족의 침략으로 지상에서 사라져 지금은 그 흔적조차 찾을 수 없다. 아가데는 가장 웅장했던 고대도시 중 한 곳으로 전해진다. 이후 약 백년 동안 수메르인과 아카드인들은 구티움족의 잔혹한 지배를 받았다.

기원전 2100년쯤, 우루크의 지도자 우투헤갈이 이라크 땅에서 구티움족을 몰아내고 수메르인의 시대를 부활시켰다. 길가메시와 같은 영웅을 낳았던 우루크가 이번에는 수메르의 구세주를 배출한 것이다. 우투헤갈은 구티움족과의 싸움에서는 탁월했지만, 부하를 등용하는 데는 성공하지 못했다. 그는 왕으로 재위한 지 불과 7년만에 쫓겨났다. 바로 그가 우르의 총독으로 임명했던 부하 장군 우르남무에 의해서였다.

우르남무는 집권에 성공한 후, 수메르인에 의한 마지막 메소포타미아 왕조가 될 국가를 창시했다. 우르남무는 인류 최초의 법전인 「우르남무 법전」을 편찬하고 대규모의 지구라트를 건설하면서 수메르의 부흥을 이끌었다. 「우르남무 법전」은 설형문자로 적힌 일부가 발견됐을 뿐이지만, 유명한 바빌로니아의 「함무라비 법전」보다 3백 년, 모세의 율법보다는 무려 천년이나 앞서는 역사적 의미를 갖는다. 부패관리의 단속, 도량형 통일, 고아와 과부를 보호해야 한다는 내용이 남아 있다. 또 형벌은 은화로 대신할 수 있다는 내용이 있어 사유재산제의 흔적도 엿보인다. 중심도시 우르는 창세기에 최초의 낙원이자 인류의 고향으로 묘사된 에덴동산이 있었던 곳(이라크인은 우르 남쪽의 쿠르나를 그 현장이라 생각한다)이다. 특히 우르는 '열국의 아비'인 아브라함의 고향이기도 하다. 창세기에서 말하는 바로 그 '갈대아 우르'인 것이다. 아브라함은 75세 되던 해, "본토 친척 아비의 집을 떠나라"는 하나님의 명령을 받고 하나님이 예비한 복된 땅을 향해 우르를 떠났다. 수메르 땅은 여러 신들을 모시는 다신의 문화가 성했기에 하나님만을 유일신으로 받들기에 적절치 못하다는 판단이 작용하지 않았나 보여진다. 아무튼 그는 우르를 떠남으로써 후일 유일신 종교인 유대교와 기독교, 이슬람의 조종(祖宗)이 되었다.

이 즈음 절치부심하며 설욕을 꿈꾸던 구티움족은 끊임없이 메소포타미아 지역을 공격해왔다. 여러 자료로 볼 때, 우르남무는 구티움과의 후속 전투에서 전사한 것으로 보인다.

놀라운 것은 인류 최초의 문명은 그저 원숭이 비슷한 존재들이 아닌 고도로 발달된 문명을 가지고 살았다는 것이다. 그들은 완벽한 상하수도 시설을 갖추고 있었으며, 역사기록은 남기지 못하였으나 「왕명표」에는 많은 왕의 이름이 기록되어 있다. 건축·미술·공예에도 뛰어났다. 신전의 기단에서 발전하였다고 생각되는 지구라트는 평면의 직사각형 기단을 계단 형태로 쌓아 올린 바빌로니아 특유의 것으로 바벨탑의 원형이 되었다.

바그다드에서 350킬로미터 남쪽에 있는 우르는 수메르 시대의 도성국가의 하나였던 곳으로 지금도 그때의 지구라트가 남아 있다. 세계 건축사의 첫 페이지를 장식하는 수메르 문명이 남긴 유일한 건축물이다. 원래는 4층이라고도 하고 7층이었다고도 하지만 현재 남아 있는 것은 2층까지다.

신전탑이었던 지구라트는 꼭대기에 작은 신전을 둔 메소포타미아 특유의 종교건축물이다. 햇볕에 구운 벽돌로 안쪽을 쌓고, 불에 구워낸 보다 단단한 벽돌로 바깥을 쌓되 이음새에는 역청(콜타르)을 발라 물이 스며들지 않도록 했다.

좌우 대칭구조에다 약 35도 각도로 곧장 뻗은 상승계단이 정면에 나 있어 웅장하면서 위엄에 넘쳐 인류 최초의 문명 유적이란 이름에 손색이 없다. 밑변의 각 모서리는 동서남북 네 방위를 정확히 가리키며, 동각(東角)은 춘분과 추분 때의 일출지점과 일치한다. 정면으로 난 계단 바닥과 벽면에는 우르 시대의 문자인 쐐기문자가 새겨진 벽돌도 볼 수 있다.

원래는 정상에 제단이 있었을 것이나 지금은 마른 흙과 접착제로 쓰였던 콜타르가 뒤섞인 작은 마당일뿐이다. 이곳이 우르의 지구라트라고 밝혀지기 전에는 '텔 무카야르', 즉 역청의 언덕으로 불렸으니 역청의 존재가 알려진 것은 오래된 일일뿐 아

4200년 전 축조된 우르의 지구라트, 원래는 4층 구조였다고 하나 지금은 2층까지만 남아있다. 용도는 신전이었던 것으로 추정된다.

니라 수메르인들도 역청을 사용했음을 짐작케 한다.

수메르의 옛 땅에 지금 30여 기의 지구라트 흔적이 남아 있다. 그 중에서도 우르남무 왕이 짓기 시작하여 그의 아들 슐기 때 완공된 우르의 것이 원형의 보존상태가 가장 양호하고 그 형태나 구조 또한 전형적인 것이란 평가를 받고 있다.

지구라트는 우르인들이 최고신이자 수호신이었던 달의 신 아난나에게 제사를 드리기 위해 지은 신전이었다. 번쩍거리는 황금 장신구를 주렁주렁 단 루갈은 시민들이 지켜보는 가운데 지구라트의 꼭대기에 올라 제사를 올렸다. 그때에는 하프와 같은 악기도 동원했다. 그것은 안전과 번영을 기원하는 의식이었던 만큼 공동체의 단결을 다지는 일이기도 했다. 지구라트는 그런 의미에서 도성국가의 중심 공간이자 최고 · 최대의 공적 공간이었으며 성역이었다.

하늘에서 왕권이 내려왔다고 적혀 있는 「수메르 왕명표」에서 보듯 수메르인들은, 하늘은 지고한 것이며 모든 인간사를 좌

우르 왕묘에서 발굴된 왕비의 황금머리 장식. 대영박물관 소장.

지우지할 수 있는 신이 사는 곳이라 생각했다. 신이 강림하여 자신을 지켜주고 융성케 해주기를 기원하면서 하늘과 닿을 수 있는 산처럼 높은 지구라트를 세우고, 그 꼭대기에 제단을 두었던 것은 그들로서는 어쩌면 당연한 일이었을 것이다. 그들은 거기서 한 발 더 나아가 하늘은 둥글다는 그들의 생각을 건축물로 표현하기 위해 아치와 돔 구조까지 창안했는데, 인근 왕묘 내부의 궁륭형 천장은 이 같은 사실을 뒷받침해준다.

지구라트는 이집트의 피라미드, 페르시아 키로스 대왕의 무덤, 고구려 장군총에까지 영향을 끼쳤다. 하지만 거의 비슷한 시기에 축조된 피라미드는 규모가 크고 또 왕묘로만 쓰였는데 반해 지구라트는 도성국가의 수호신을 모신 신전이라는 점에서 구별된다.

지구라트가 도성국가 우르의 중심이었다면 성곽 바깥에는 왕의 무덤들이 있었다. 20세기 초 지구라트를 발견한 영국의 고고학자 레오나드 울리는 왕묘까지 발굴하는 개가를 올렸다. 입구는 지상에 돌출돼 있으나 묘실은 지하 깊숙한 곳에 마련돼 있다. 건축재료는 햇볕에 말린 흙벽돌이다.

궁륭형 천장을 가진 16개의 묘실에서 레오나드 울리는 모자이크 군기(軍旗)와 여왕의 황금 머리 장식, 목걸이, 초승달 모양의 귀걸이, 목 장식, 황소 장식이 달린 황금 하프, 금잔, 은잔, 고급스러운 석고 그릇, 마차 등 1천8백여 점에 이르는 귀중한 유물들을 발굴해 우르 문명의 위대함을 증명해 보였다.

눈길을 끄는 것은 모자이크 군기인데, 흔히 알고 있는 깃발 모양이 아니다. 나무판 양쪽에 상하 3단으로 나누어 당시의 생활상을 그린 것인데, 제작연도는 기원전 2500년경으로 추정된다. 조개껍질과 청금석을 상감 처리한 46센티미터 너비의 나무판 한쪽에는 전투장면을, 다른 쪽에는 연회장면을 각각 그려놓아, 당시의 복장과 용모, 마차, 도구, 무기, 바퀴 등이 어떠했는지를 잘 보여준다. 수메르 시대의 타임캡슐인 것이다.

하프의 틀은 동물 형상으로 만들어 특이하게 보이며, 머리 장식은 식물의 이파리처럼 넓은 게 왕비가 착용한 게 아닌가 추정된다. 왕묘에서 출토된 유물은 대영박물관과 미국 펜실베이

우르시대 생활상을
그린 '우르의 군기'.
대영박물관 소장.

니아대학 박물관이 나누어 소장하고 있다. 두 기관이 합동으로
발굴 조사를 행했기 때문이다.

눈에는 눈 이에는 이

메소포타미아의 평화시대는 백여 년만에 다시 깨졌다. 지금의
이란 쪽에 거주하는 엘람인과 셈족 계열의 아모리인들이 침입
해왔기 때문이다. 기원전 2000년쯤, 우르는 엘람인에게 멸망
했다. 아모리인들도 수메르의 도시를 하나씩 점령해나갔다. 수
메르인은 역사의 최후를 맞았다. 수메르인이 메소포타미아를
지배하던 시대도 여기서 저물었다. 수메르인은 이제 민족으로
서의 독자성을 상실한 채, 1500여년이나 메소포타미아를 풍미

했던 역사의 주역 자리에서 은퇴했다. 후세의 한 시인은 수메르
인의 최후를 이렇게 회고했다.

법과 질서가 자취를 감추고
여러 도시가 파괴되고 집들이 무너졌다
어머니는 애들을 돌보지 않으며
티그리스와 유프라테스 강변에는 가냘픈 풀이 자란다
훌륭하게 건립된 거리와 마을이 폐허로 변하고
검은 수염을 풍성하게 기른 사람들이 철퇴의 제물이 된
다
운명을 바꿀 도리는 없다
누가 그것을 뒤엎을 수 있단 말인가?

수메르인이 메소포타미아에서 사라진 후에도 전란은 이어졌
다. 이 땅의 새로운 강자는 아모리인이었다. 아모리인이 정복한
수메르의 도시 중 하나가 바빌론이다. 현재의 바그다드 남쪽 약
90킬로미터 지점에 위치한 이 도시는 당시에는 그다지 중요한
곳이 아니었다. 기원전 1850년 족장 스무아붐이 이곳에서 아모
리인의 왕조를 열었다. 그러다가 6대 왕이자, 역사적으로 이름
을 널리 남긴 함무라비가 치세를 넓히면서 메소포타미아에는
바빌로니아의 시대가 열렸다.
　기원전 1750년, 함무라비가 왕위에 올랐을 때는 메소포타미
아는 여러 도시국가로 분열된 상태였다. 바빌론의 영토는 반지
름 80킬로미터 정도에 불과했다. 하지만 통일의 열망을 가슴에

품은 함무라비는 인근 도시들을 침략해 손에 넣었다. 물론 도시들은 예전처럼 또다시 파괴됐다. 함무라비 왕이 재위 42년만에 사망했을 때, 바빌론은 걸프만으로부터 현재의 터키 국경 너머까지, 또 동쪽으로 자그로스 산지로부터 시리아의 하부르강까지 이르는 광대한 제국이 됐다. 함무라비는 메소포타미아 전역을 손에 넣었을 뿐 아니라, 인류의 위대한 문화「함무라비 법전」을 남겼다.

함무라비는 정복지에 총독을 두고, 수메르 시대부터 내려오던 각 도시를 중심으로 한 메소포타미아의 지방분권적 경향을 억제하고 강력한 중앙집권 체제를 확립했다. 그와 동시에 바빌론에 성벽을 구축하고, 각지에 신전을 건립하여 신상을 안치하고, 운하를 만들어 무역을 활발히 하는 등 국력을 충실히 도모하였다. 그의 치세 당시 수도 바빌론은 오리엔트 세계의 중심으로서 번영하고, 바빌로니아는 안정되었다. 또 아카드어를 국어로 채택하였기 때문에, 이때부터 아카드어는 오리엔트의 국제어가 되었다. 그밖에 달력의 사용과 도량형의 통일 등 매우 중요한 업적을 이뤘다.

고대문명은 종교와 깊은 관계를 맺는다. 함무라비는 바빌론의 한 지방 수호신이었던 마르두크 신을 주신으로 하고 이시타르 여신과 탐무즈 신을 섬기도록 했으며, 각지에 이들의 신전을 세워 중앙집권제도를 확립하였다. 이때부터 마르두크는 수메르 신들 중에 주신의 자리를 획득하여 '벨(바알) 마르두크'라 불리는 국가적인 숭배 대상이 되었다. 이렇듯 정치적 통일뿐만 아니라, 문화적으로도 바빌로니아 세계가 성립되어, 함무라비

함무라비 법전의 정면 상단부분. 기원전 18세기의 것으로 현존하는 세계 최고(最古)의 성문법전이다. 진품은 루브르박물관에 있으며, 사본 하나가 이라크박물관에 있다.

시대는 후세에 바빌로니아의 황금시대라고 일컬어졌다.

함무라비 법전의 서문에는 신으로부터 이 법전을 받은 이유를 밝히고 있다. 그 이유는 온 땅의 지배권을 받은 함무라비가 나라 안에 정의를 세우고자 함이다. 그것은 강자가 약자를 학대하지 않도록, 그리고 악한 자를 멸망시키기 위해서이다. 또한 왕의 여러 가지 업적을 든 뒤에 마르두크의 정의를 실천하기 위해서 법률과 정의를 나라말로 규정하고 이것을 포고했다고 기록하고 있다.

함무라비 법전은 수메르 이후의 관습을 준수하면서 여러 가지 문제에 대응한 282조로 이루어진 판례집이다. 내용은 혼인, 재산상속, 임대 및 매매 등 일상생활 전반을 다루고 있다. 그것은 '눈에는 눈, 이에는 이'라는 문구로 흔히 알려져 있지만, 구약성서에 나오는 모세의 율법이 이미 천년 전에 만들어진 함무라비 법전에서 기초하고 있다는 주장도 제기되고 있다. '바빌론의 포수(捕囚)' 당시에 히브리 민족이 그들의 영향을 받았음을 시사하는 것이다.

함무라비 법의 제1조에는 "사람이 만약 타인을 사형에 처해야 한다고 고소하고 이를 입증하지 못할 때에는 고소인을 사형에 처한다"고 되어 있다. 무고죄와 입증책임을 말하고 있는 이 조항으로 보아 바빌로니아는 완성된 국가 형태를 갖추었음을 알 수 있다. "신전이나 국가의 재산을 훔친 자와 그 장물을 취득한 자는 사형에 처한다"는 제6조도 유사한 조항으로 볼 수 있다. 우리에게 가장 잘 알려진 복수법은 제196조의 "자유인의 눈을 뺀 자는 그의 눈을 뺀다"와 제200조의 "같은 신분의 사람의 이를 상하게 한 자는 그의 이를 뽑는다"는 조항에 있다.

함무라비 법전은 신분 계층에 따른 차별적용을 인정하고 있으며, 여성의 사유재산 보유와, 금전을 통한 노예해방을 보장하였고, 농경과 목축보다는 상업중심 사회였다는 사실도 엿볼 수 있다. "물에 넣고 가라앉으면 무죄이나, 뜨면 유죄"와 같은 마녀사냥의 구절도 보인다. 여러가지 특이하고 잔인한 법조문은 셈족 사회의 잔인성을 나타낸 것이라기보다는 무제한의 복수가 행해지던 상태에서 '피의 복수'를 개인적인 차원이 아닌 법에 의한 통일적이고, 일관된 국가 차원의 보복으로 대치하는 법치주의를 표방하여 인간관계를 합리적으로 규정하려 했다고 할 수 있다.

함무라비 법전은 섬록암으로 만들어진 석비에 새겨져 있다. 석비의 위 부분의 오른쪽에는 정의를 담당하는 태양신 샤마슈가 옥좌에 앉아 오른손에 지배와 왕권을 나타내는 왕홀을 들고, 왼쪽에는 오른팔을 들고 공손하게 서 있는 함무라비 대왕에게 넘겨주는 장면이 조각되어 있다. 그 하부에는 49란, 약 3천 행에 걸쳐 쐐기꼴 글자인 아카드어로 아름답게 새겨져 있다. 쐐기문자는 각 행이 위에서 아래로 기록되어 있다. 이것은 원래 샤마슈 신의 도시 사파르에 세워진 것을 기원전 12세기경에 엘람왕 슈트르크 나푼테가 바빌론을 침략했을 때 전리품으로 가져간 것으로 진품은 루브르박물관에 소장되어 있고 사본 하나가 이라크박물관에 남아 있다.

기원전 1708년 함무라비 왕이 사망한 후, 그의 제국은 쇠퇴의 길을 걸었다. 도처에서 반란이 일어났기 때문이다. 결국 바빌로니아의 북쪽과 남쪽 지방이 제국에서 떨어져 나갔고, 수도 바빌론 주변의 일부만 남았다. 기원전 1600년쯤, 바빌로니아 제국은 급격히 약화된다. 당시 각지를 휩쓸고 다니던 히타이트인들 때문이었다. 히타이트인들은 바빌로니아의 여러 곳을 습격해 약탈한 후 재빨리 본국으로 철수하는 '히트 앤드 런' 작전을 썼다. 이 작전에 바빌로니아는 내상을 입으며 체력이 빠졌다. 이 와중에 카시트인들이 어부지리로 제국을 접수했다. 바빌로니아 제국의 어이없는 멸망이었다.

바빌론 유적지에 있는 사자상. 히타이트 족이 지배하던 시절 남긴 것이다.

카시트인은 약 5백 년 동안 메소포타미아 지역을 통치했다. 카시트인은 인도유럽어족에 속하며, 기원전 2000년 전반부터 거주지인 동방 산악지대로부터 바빌로니아로 침입해 들어왔다. 카시트 왕조는 아시리아인과의 세력싸움으로 전전긍긍해야 했다. 5백 년에 이르는 통치기간 동안 왕들은 아시리아 왕족과 인척관계를 맺어왔으며 사람들은 점차로 바빌로니아 주민에게 흡수되었다. 이 시대는 문화적으로 빈약하였으며 또 바빌로니아 역사 중 가장 어두운 시대이다. 말[馬]과 전차 전술을 전해준 것과 왕의 치평연대에 의한 기년법(紀年法)을 고안한 것이 카시트인의 특기할 만한 일이다. 그들은 문화와 종교면에서 완전히 바빌로니아화했고, 비(非)셈계인 그들은 모국어를 버리고 셈계의 언어를 사용했다. 결국 기원전 1169년 아시리아에 의해서 멸망하고 만다.

철의 제국 아시리아

셈족 계열인 아시리아인은 기원전 3000년쯤 티그리스강 상류 지역의 아슈르고원에 작은 왕국을 건설했다. 아시리아인이란 호칭은 이들이 아슈르신을 믿는 데서 기원한 것이다. 아시리아의 제국은 19세기 중엽에 님루드 · 니느베 · 코르사바드 등의 발굴로 존재가 밝혀졌다. 20세기에 들어와서는 신석기시대 이후의 문화까지 점차 드러나고 있다. 원주민은 셈족 계열이 아닌 스바르투인이다.

바빌로니아의 힘이 결정적으로 쇠퇴하면서, 상대적으로 아시리아의 힘이 강성해졌다. 아시리아가 메소포타미아의 새로운 주인으로 떠오른 것이다. 매우 호전적인 아시리아인은 잔인한 정복전쟁으로 메소포타미아는 물론, 중동의 여러 곳을 침략해 무릎을 꿇게 했다. 역사가들은 아시리아인이 바빌로니아에 대한 문화적 열등감 때문에 폭력과 잔학 행위를 일삼았다고 평가한다. 사실 아시리아의 기록을 이곳저곳에서 볼 수 있는 이유는 니느베 시절의 아시리아가 역사에서 그 예를 찾기 힘들 정도의 잔학상을 연출한 데 있다.

아시리아는 기원전 2500년경 도시국가로 발전하게 되는데, 수메르 문명의 북벌 전진기지이기도 했다. 수메르인의 끊임없는 침입을 받는 악조건 하에서 강건하고 용감한 민족성을 지닌 셈계의 아시리아인이 형성되었다. 척박한 기후와 험준한 지형 속에서 살아남은 그들은 활쏘기와 말타기에 능하며 매우 호전적이었다.

아시리아의 중심부는 티그리스강과 대(大)자브강의 합류점에서 가까운 삼각형 지역이었다. 그들은 이와 같은 지리를 이용하여 바빌로니아에서 산출되지 않는 금속·보석·목재·석재 등을 실어다 교역을 하고 점차 군사국가로 발전하였다. 아시리아의 중요한 사업은 전쟁이었는데, 제국의 부와 번영은 전리품과 무역에 의존했다. 제국의 깃발이 나부끼는 지역 전체에 중앙집권 체제를 확립한 역사상 최초의 완벽한 군국주의 사회였다.

아시리아인들은 메소포타미아 문화를 받아들여 키워나갔고, 기원전 1300년쯤부터 영토확장을 위한 전쟁을 일으켜 세력을 넓혀나갔다. 이즈음 메소포타미아 서북쪽인 할리스 강변에서 히타이트족이 일어나 세력을 키워나갔다. 그들은 철기시대를 연 민족이었다. 히타이트족은 이미 말이 끄는 철제전차를 이용해 이집트와 싸웠고, 기원전 1280년쯤 북부 시리아, 팔레스타인 지역을 빼앗으며 서남아시아의 강자로 떠올랐다. 하지만 히타이트족은 새로운 철기민족인 포르지아인의 침입을 받아 유프라테스 강변의 카르케미스로 쫓겨났다.

기원전 1000년쯤 아시리아는 쫓겨온 히타이트족으로부터 제철법을 배워 철제무기나 철제전차 등 우수한 무기를 개발해 무장했다. 그들은 철의 가치를 완벽하게 이해한 최초의 민족이었다. 강성해진 아시리아는 카시트 왕조의 목을 죄어갔다. 아시리아의 왕인 투쿨티 니누르타는 한 때 바빌로니아를 지배했으며, 카시트 왕을 포로로 잡기도 했다. 투쿨티 니누르타의 비문에 보면 "나는 왕의 목을 발판처럼 짓밟았다"는 대목이 나온다.

카시트 왕조를 괴롭힌 것이 아시리아인만은 아니었다. 남부에 오래 전부터 암약해온 숙적 엘람인이 기원전 1170년 바빌로니아에 침입한 것이다. 엘람인들은 함무라비 법전을 새긴 석비 등 국보들을 전리품으로 약탈해갔다.

런던에 있는 라키쉬 부조에는 벌거벗은 세 포로가 장대에 찔려 매달려 있는 참상을 볼 수 있다. 성에서 피난 나오는 사람을 잡아 벤 목을 성 밖에 전시함으로써 포위된 주민들이 공포에 떨게 하고 군대의 사기를 짓밟았다. "짐은 잔인하고… 전쟁에서는 앞장서 달리는 온 천하의 왕이며… 무릎 꿇지 않는 적들을 짓밟고 온 세상을 손아귀에 넣었노라… 나는 들판을 피로 물들이는 무시무시한 태풍이로다"라고 새겨진 문구처럼 아시리아의 왕들이 첨탑모양의 석주인 오벨리스크에 새겨 놓은 무용담이나, 궁전과 사원 벽에 새긴 글과 그림에는 왕에 대한 두려움을 자아내는 내용들로 가득하다. 아시리아인들은 인류문명사에서 유례를 찾기 힘들만큼 공포과 고통을 주는 전쟁을 계속했

요새를 공격하는 아
시라아군대.

다. 아시리아의 당시 왕이었던 티글라트 필레세르 1세의 비문
에 다음과 같은 구절이 나온다.

나는 2만 명의 적병과 그들의 왕 5명을 싸워 무찔렀다...
나는 그들의 끈적끈적한 피를 골짜기와 산봉우리에 흐
르게 했다. 그들의 목을 베어서 그들의 도시 언저리에
곡물더미처럼 쌓아올렸다... 나는 도시를 불사르고 파괴
하고, 끝내 무(無)로 돌아가게 했다.

티글라트 필레세르 1세의 공포정치는, 그러나 충성을 얻는 데는 실패했다. 그가 사망하자 곳곳에서 억압받던 주민들이 반란을 일으켰다. 아시리아 제국은 쪼그라들었고, 서방의 엘람인이 쳐들어와 바빌로니아를 유린했다. 지금의 바그다드와 흡사함에 역사의 수레바퀴를 인정하지 않을 수 없다.

아시리아 제국은 도읍지를 네 차례 옮겼다. 이들은 모두 지금의 모술 일대에 산재해 있다. 초기의 왕도 아슈르는 모술에서 남쪽으로 11킬로미터 떨어진, 지금의 칼라트 셰르가트로 현장에는 여러 신들을 함께 모신 지구라트 형태의 만신전과 신년 축제가 열렸던 아키두 신전의 유구들이 남아 있으나 형태를 알아보기란 쉽지 않다.

아시리아 제국의 두 번째 왕도(王都), 님루드는 모술에서 동남쪽으로 30킬로미터 떨어진 곳에 있다. 유적지 입구를 지키고 있는 것은 지구라트의 흔적인 원뿔형의 작은 산으로, 그곳에 오르면 넓게 펼쳐진 유적지가 다 드러난다.

이곳의 명물은 아시리아 제국의 역사상 가장 잔인하다고 평가받는 아슈르바니팔 대왕이 세운 북서궁전이다. 정문 앞을 지키는 것은 빛이 바래고 깁스로 겨우 몸을 가누고 있는 라마스 두 쌍이다. 라마스란 얼굴과 가슴, 두 팔은 사람, 몸통과 다리는 황소, 날개는 독수리, 복부에는 용의 비늘이 합성된 아시리아 수호신상이다. 대부분의 라마스가 19세기 중엽에 유럽의 박물관으로 실려나갔지만 현장에 아직도 몇 개가 남아 있다.

꽤 넓은 왕의 알현실을 두고 있는 북서궁전에서 발굴돼 지금 이라크박물관에 있는 작은 여인 부조상은 '님루드의 모나리자'

아시리아 시대 코르
사바드 왕궁터에서
발굴된 라마스상. 좋
은 것은 유럽 박물관
으로 옮겨지고 현장
의 것은 상처투성이
다. 루브르박물관 소
장.

라 부를 정도로 매력적이다. 이것을 보면 사냥과 전쟁을 좋아한
아시리아인들에게도 아름답고 감성적인 부분이 있었던 것 같
은데, 어째서 그들은 용맹함만을 역사에 남기려 했던 것일까.

현재의 북서궁전은 허물어진 곳이 시멘트로 채워져 있고, 지
붕은 슬레이트 같은 것으로 덮여 있어 눈에 거슬린다. 부조와
라마스가 남아 있다고는 하나 세계 최초의 대제국다운 위용과
찬란함은 찾기 힘들다. 그것은 허물어지고 빛바랜 외로운 라마
스 때문도, 유적지를 제대로 간수하지 못하는 이라크 당국의 무
능력 때문만도 아니다. 아시리아인들의 혼이 살아 숨쉬던 많은
것들이 외세에 의해 발굴되고 옮겨진 탓에 현장은 단지 황성옛
터에 지나지 않기 때문이다.

약 백오십 년의 혼란기가 지나고 아시리아의 아다드 니라리 2세가 왕위에 오르면서 아시리아는 다시 힘을 얻었다. 이 왕은 아람인을 내쫓았고, 바빌로니아 북부를 차지했다. 아시리아의 공포전쟁은 이어졌다. 아슈르바니팔 2세와 같은 왕은 스스로 다음과 같은 기록을 남겼다.

> 나는 성의 문 밖에 기둥을 세웠다. 그리고 주요인사의 가죽을 벗겨 그 가죽을 기둥에 감았다. 어떤 이는 기둥에 쳐박고, 어떤 이는 말뚝에 꽂아 기둥에 찔러 놓았다... 관리들의 손발을 잘라내고 포로를 불태워 죽였다.... 어떤 이는 손과 손가락을 잘라내고 어떤 이는 코와 귀를 베어냈다. 많은 사람의 눈을 도려내었으며, 젊은이와 여자들을 불 속에 집어넣었다.

기원전 721년에는 사르곤 왕(아카드의 사르곤 대왕과는 다른 인물)이 아시리아 왕위에 올랐다. 이 때 제국 도처에서는 반란이 불타올랐고, 바빌로니아는 또다시 전화에 휘말려야 했다. 칼데아인들이 바빌로니아에 침입해 지배권을 빼앗자, 사르곤이 다시 탈환에 나섰기 때문이다. 그 뒤를 이은 사람은 니느베로 수도를 옮긴 센나케리브 왕이다. 센나케리브는 포로나 반역자를 창에 꿰고 살갗을 벗긴 아슈르바니팔보다 더 잔인한 왕이었다. 바빌로니아에게는 참혹한 재앙이었다. 그는 바빌론의 반란군을 유례없이 잔혹하게 짓밟았다. 다음은 바빌론에 대한 그의 기록이다.

나는 주민들의 시체로 광장을 메웠다.... 거리의 집들을
그 바닥에서 꼭대기까지 파괴하고 불을 질렀다. 벽과 신
전과 신상들, 신전의 탑 등을 모두 파괴했다.... 나는 도
시의 중앙에 운하를 끌어대 물이 넘치게 했다. ... 거리
와 그 신전과 신들의 위치를 알 수 없도록 물에 잠기게
하고... 전멸시켜 그곳을 들판처럼 만들었다.

구약성경은 아시리아 군대가 들이닥치는 모습을 돌풍과 같
다고 기록했다. 이스라엘의 예언자 이사야는 "그들이 사자처럼
바다처럼 으르렁거리며 달려와 지나는 곳마다 슬픔과 어둠을
남겼다"고 한숨지었다.

기원전 13세기에 아시리아의 왕 투쿨티 니누르타 1세는 바
빌로니아를 점령했고, 기원전 11세기에는 히타이트의 쇠퇴를
틈타 걸프만에서 지중해 연안, 소아시아에 이르는 지역을 차지
하였다. 기원전 8~7세기에 이르자 티글라트 필레세르 3세, 사
르곤, 센나케리브, 에사르하돈, 아슈르바니팔 등의 왕들의 끊
임없는 정복전쟁의 결과로 시리아와 팔레스타인으로부터 이집
트까지를 정복하여 일찍이 없었던 세계제국을 건설하였다. 광
대한 영토는 잘 훈련된 강력한 군대, 조직화된 관료, 완비된 역
전제도 등에 의해 통치되었으며, 특히 기병과 전차를 구비한 군
대와 무거운 세금은 국민을 공포에 떨게 하였다.

이란과 소아시아 지역을 제외한 오리엔트 지방의 최초 통일
국가인 아시리아는 역사상 최초로 이집트, 고(古)바빌로니아,

페니키아, 헤브라이의 문화를 통합했다. 이런 아시리아의 문화적 특색은 메소포타미아의 여러 변경지대로 전해졌다. 아시리아인들은 니느베와 코르사바드 유적에서 볼 수 있듯이 도시계획이나 축성에 능했고, 예술면에서는 뛰어난 석조작품들을 남겼다. 작품들은 전투와 맹수 사냥 등 잔인한 행위를 주제로 한 것이 많다. 역대의 왕들은 전승이나 사적을 기록으로 남겼으며, 연대기도 편찬했다. 아슈르바니팔 왕은 왕궁에 부속도서관을 짓고 각종 사료를 수집하여 정리했는데, 이는 오늘날 우리에게 귀중한 자료로 남아있다.

아시리아가 남긴 또 하나의 문화유산으로 코르사바드의 왕궁터가 있다. 코르사바드는 아시리아 제국이 님루드를 버리고 새로이 찾은 도읍지로 모술에서 북쪽으로 15킬로미터쯤 떨어진 곳에 있다. 옛 이름은 두르 샤루킨이다. 님루드에서 이곳으

로 천도한 사르곤 2세의 궁전이란 뜻이다. 비록 17년밖에 왕도
의 지위를 누리지 못했지만 모술 주재 프랑스 부영사 에밀 보타
가 1843년 3월, 이곳에서 왕궁의 정문을 지키던 32톤에 이르는
라마스와 여러 부조들을 발견하여 아시리아의 위대함을 전 세
계에 알린 바 있는 역사적인 장소이다.

그 결과 유럽인들은 루브르박물관에서 아시리아 조각상들을
보면서 '위대한 아시리아'를 처음으로 체험했다. 그 중에서도
대표적인 것은 라마스와 한 손으로 새끼 사자의 목을 껴안고 있
는 길가메시가 함께 새겨진 부조다. 길가메시는 수메르인들이
영웅으로 그렸던 인물이다. 그러나 지금은 중요한 것들은 모두
빠져나가고 뻥 뚫린 구멍과 돌 부스러기만이 어수선하게 널려
있을 뿐이다.

이 지역의 또 다른 문화유산은 니느베 성이다. 니느베는 아
시리아 제국의 마지막 도읍지로 모술 구시가지가 그 현장이다.
20세기 후반에 들어 복원된 13킬로미터 길이의 타원형 성곽과
사마시 성문은 말끔하다. 성문 뒤에는 심하게 깨어지긴 했으나
위엄을 잃지 않은 거대한 라마스가 자리를 지키고 있다.

성안은 넓으나 몇 채의 가옥만이 들어서 있어 매우 한가해
보인다. 그 뒤로 왕의 계보와 역사기록, 궁중문서는 물론 의
학·천문학·철학·서사시·신화와 설화·노래 등 2만5천 여
점에 이르는 방대한 자료를 수집, 보관한 인류 최초의 도서관인
아슈르바니팔 대왕의 왕립도서관이 서 있던 퀸지크 언덕이 자
리잡고 있으나 지금은 군사시설이 들어선 접근금지 구역이다.
실제로 이곳에선 인류 최초의 서사시 「길가메시」와 노아 홍수

의 원형이라는 대홍수 이야기 점토판과 아슈르바니팔 대왕의 사자 사냥도 부조가 발굴된 곳이다.

아슈르바니팔 대왕은 도서관을 세울 정도로 학문에 대한 열정이 대단했지만 사자 사냥도 즐겼다. 그 모습은 사자 사냥도란 이름의 부조로도 남아있는데, 왕의 주변에는 자신의 마차로 달려오는 사자를 향해 긴 창을 내리꽂고, 그 앞에는 이미 많은 사자들이 화살을 맞고 아픈 표정을 지으며 죽어가고 있는 모습이 조각되어 있다. 그의 앞에선 용맹하다는 사자도 어쩔 수 없었던 모양이다. 꽃무늬가 새겨진 왕관과 의복을 걸친 채 긴 턱수염과 뒷머리를 몇 가닥으로 땋아내려 한껏 위엄을 부리고 있는 그는 이런 말을 들려주려는 듯 하다.

아시리아인들은 전쟁을 좋아한다. 예부터 아슈르 신을

숭배했던 우리는 그의 지배영역을 넓히기 위해 오랫동안 정복 전쟁을 벌였다. 덕분에 우리는 세계 최대의 판도를 자랑하는 대제국을 이루었다. 우리에게 사냥은 전쟁의 리허설이라, 나는 사냥을, 그것도 용맹하다는 사자 사냥을 즐긴다.

짐은 아슈르바니팔 위대한 왕, 강력한 왕, 삼라만상의 왕, 아시리아의 왕... 아슈르 신의 명에 따라 위로는 하늘로부터 아래로는 바다까지 지배하며 모든 왕들을 아슈르의 발 밑에 굴복시켰노라.

아슈르바니팔은 자기의 말을 실현시켰다. 왕은 이웃 나라들을 정벌하여 아시리아 제국 역사상 최대의 판도를 거느렸다. 그러니 '나는 강력하다. 누구도 나와 겨누지는 못할 것이다'며 자신만만했던 것도 무리가 아니었다.

강대하던 아시리아도 급격히 커진 영토로 비만과 동맥경화에 빠졌다. 또 잔인한 아시리아에 대한 증오는 제국 전체의 폭동으로 번졌고, 이를 진압할 수 있는 사람은 아무도 없었다. 아슈르바니팔 왕이 죽은 뒤의 내분을 틈타 바빌로니아에서 독립한 나보폴라사르와 메디아인의 동맹군의 공격을 받아, 기원전 612년 마지막 수도 니느베가 함락되었다. 서아시아를 휩쓸었던 아시리아는 연기처럼 사라졌다. 이 때의 상황을 구약은 "니느베가 황폐하였도다… 누가 위하여 애곡하리오?"라고 기록하고 있다.

신에 도전하는 나라

기원전 7세기 대국 아시리아는 멸망했다. 오리엔트는 신바빌로
니아 · 리디아 · 메디아 · 이집트의 4왕국이 남아 자웅을 겨루었
다. 이라크 땅의 주인 칼데아인들은 아시리아를 멸망시키고, 바
빌론을 수도로 하는 신(新)바빌로니아를 세웠다. 바빌론은 당시
세계의 수도라 불릴만큼 번창한 곳이었다. 바빌론은 신의 문이
란 뜻인데, 바그다드에서 남쪽으로 88킬로미터 떨어진 유프라
테스 강변에 위치하고 있다.

신바빌로니아 시대에는 특히 천문학이 발달했다. 점성학은
기원전 2500년경 메소포타미아의 칼데아 지방에서 시작됐다.
미래는 언제나 불확실성으로 가득 차있다. 신의 존재를 믿는 사
람들도 우연을 참지 못한다. 각자가 맡은 책임과 미래의 불확실
성, 그리고 우연 때문에 별에 의해서든 별 아닌 그 무엇에 의해
서든 운명은 이미 결정되어 있다는 믿음이 생겨난다. 과학적인
사고가 일반화된 요즘에도 그러한데, 고대인들이 점성학에 관
심을 갖는 것은 어쩌면 당연한 일인지도 모른다.

5천 년경에 셈계의 한 종족인 칼데아인들은 메소포타미아
지방에서 양을 치고 살았다. 양떼를 몰면서 밤하늘의 별들을 바
라보던 칼데아인들은 언제부터인지 서로 가깝게 모여 있는 또
렷하고 밝은 별들을 몇 개씩 이어서 사람이나 동물의 모습에 빗
대어 이름을 붙였는데, 이것이 바로 별자리의 기원이 되었다.
칼데아인들은 하늘을 날아가는 새들의 경로를 보거나, 동물의

내장을 갈라보고서 현재나 미래의 운명을 해석하려고 했다. 설형문자가 판독되면서 전부는 아니지만 많은 별 또는 별자리와 관련된 고대 그리스신화는 메소포타미아의 그것과 비슷하다는 사실이 밝혀졌다.

칼데아인으로 우리에게 가장 잘 알려진 인물은 아브라함이다. 성경에 의하면 아브라함은 '갈대아 우르' 사람이다. "나는 이 땅을 네게 주어 업을 삼게 하려고 너를 갈대아 우르에서 이끌어낸 여호와로다"라는 구절이 창세기에 보이는 것으로 미루어 칼데아 민족의 역사는 상당히 소급된다.

신바빌로니아의 전성기는 네부카드네자르 대왕이 통치할 때였다. 그는 멀리 페니키아를 정복했다. 이집트와 시리아를 손에 넣고 예루살렘을 함락시켜 유대인을 바빌론에 포로로 끌고 와 노예로 만들었다. 이것이 그 유명한 바빌론 포수이다. 네부카드네자르 대왕도 아시리아의 왕들처럼 예루살렘을 파괴하고 솔로몬의 성전을 불사르는 등 잔혹한 행위를 했다. 하지만 메소포타미아는 오히려 더 번성하였다. 그의 치하에서 바빌론은 아름답고 국제적인 도시가 됐다.

네부카드네자르 대왕은 위세를 떨치며 수도 바빌론을 장려하게 꾸몄다. 그는 국내에서는 관제를 정비하고, 수도 바빌론의 방비를 굳게 하며, 훌륭한 신전과 궁전을 지어 바빌론을 세계의 도시로 만들었다. 또한 운하와 저수지를 만들어 농업을 장려했다. 오늘날 우리가 볼 수 있는 바빌론 유적은 1899년부터 독일 오리엔트학회가 발굴했다. 바벨탑과 세계 7대 불가사의라고 하는 공중(空中)정원의 흔적이 발견됐다.

공중정원에서 본 바
벨탑.

구약 창세기에 신에 대한 모독과 인간 허영의 상징으로 묘사
돼 있는 바벨탑이 세워진 곳이 바빌론이다. 탑이 처음 세워진
것은 기원전 10세기 경이었으나, 그 후 수세기에 걸쳐 파괴와
재건을 거듭하다 네부카드네자르 대왕에 의해 완성된 것으로
알려져 있다. 그는 건축가에게 탑의 높이를 하늘과 겨누게 하도
록 명했다고 한다. 그러나 지금은 탑이 있었다는 자리에 사각의
큰 구덩이만 깊게 파져 있을 뿐이다. 구덩이가 너무 큰 데다 주
위에 높은 곳이 없어 위에서 내려다 볼 수도 없으니 그 크기를
가늠하기도 쉽지 않다.

따라서 여러 가지 정황을 고려하여 그 모습을 상상할 수밖에
없는데, 고고학 발굴에 관한 해설서 『제신(諸神)과 무덤과 학자
들』을 쓴 독일의 세람은 이렇게 적고 있다.

"사람들이 길게 줄을 서서 32미터 높이의 첫 번째 테라스로
향해 거대한 계단을 오르고 있을 때의 광경은 얼마나 장관이었
을까. 그 사이 선두 제사장의 행렬은 중간 테라스를 통해서 세

번째 테라스로 오르고, 거기서 비밀통로를 통해 탑의 정상, 즉 마르두크의 성역으로 올라갔던 것이다.”

당시 바빌론을 두고 그리스의 역사가 헤로도토스는 “장대함에 있어 바빌론을 능가할 도시는 없다”고 찬탄했으니 그 화려함과 번성함을 능히 짐작할 수 있다. 그는 현장에서 바벨탑을 보고 탑의 크기와 형태에 대해 이런 기록을 남겨놓았다.

“성역 중앙에는 가로 세로 모두 1스타디온(90미터 정도)의 견고한 탑이 세워져 있다. 이 탑 위에 제2의 탑이 서 있고, 다시 그 위에 제3의 탑, 이런 식으로 8층까지 이어진다. 위로 올라갈 수 있도록 탑 바깥으로 나선형의 통로가 나있다. 계단을 반쯤 오르면 층계참이 있고 거기에 휴식용 의자가 놓여 있는데, 정상에 오르려는 자는 거기에 앉아 한숨을 돌린다. 정상에는 커다란 신전이 있다. 그 안에는 화려하게 장식된 침상이 있고, 그 곁에 황금탁자가 놓여 있다. 신상과 같은 것은 안치되어 있지 않다. 밤에는 토착인 여자 한 사람을 제외하고는 아무도 거기에 머무를 수 없다.”

하늘에 닿을 정도로 높은 지구라트 형태의 바벨탑은 하늘을 신성한 것으로 숭앙했던 메소포타미아인들에게는 하늘과 땅의 초석으로 지극히 성스러운 축조물이었다. 20세기 미국의 작가 맬러치 마틴도 『새로운 성』이란 소설에서 “하늘을 찌를 듯이 솟아 오른 첨탑을 거느린 채 높은 언덕 위에 우뚝 서 있는 성은 하늘과 땅이 만나는 공간의 원형”이라 표현한 바 있다.

신성한 하늘로 다가가려는 인간의 열정은 성스러운 것이다. 그것은 궁극 또는 근본에 대한 관심이자 우주에 대한 개안일 수

도 있다. 하늘을 찌를 듯이 솟아 있는 뾰족탑은 기독교가 유럽
을 절대적으로 지배하던 중세 초기 고딕이란 건축양식으로 형
상화된 바가 있지 않은가.

그런데 성서는 왜 바벨탑을 신에 대한 도전, 즉 저주의 대상
으로 그려놓았을까. 그 이유는 아무래도 성서를 기록한 유대인
에게서 찾아야 할 것이다.

기원전 6세기 바빌론 땅에 포로로 끌려온 유대인들은 『탈무
드』에 따라 우상숭배를 죄악시했다. 그런 그들에게 바벨탑이야
말로 그 표본이었으니 신의 권위에 대한 도전으로 본 것은 너무
나 당연한 일이었다. 그들 눈에는 이를 축조하고 여기에 제물을
받치는 바빌론 사람들은 타락한 백성으로 보였을 것이고, 그런
이유로 하나님이 사람들의 언어를 혼잡하게 만들어 탑 쌓기를
중단케 했다고 기록해 놓았던 것이다. 언어의 혼잡이란 기록은
바빌론이 그때 이미 국제도시로서 각지의 사람들이 모여 살았

음을 시사해주는 대목으로 해석할 수도 있다.

후일 이 도시를 정복하여 유대인을 해방시킨 페르시아 제국의 키로스 대왕은 바벨탑을 보고 그 웅장함에 매료돼 파괴하지 말라고 명했을 뿐 아니라 자신의 무덤을 바벨탑 형태로 축조하도록 했다. 그러한 바벨탑도 파괴되고 말았다. 그것도 키로스 대제의 아들 크세르크세스에 의해서였다. 이유는 바빌론이 반란을 일으켰다는 것이다.

네부카드네자르 대왕은 화려한 왕궁에 지구라트를 덧붙였으며, 요새화된 도시 성벽에 아치로 된 8개의 기념적인 정문 이시타르를 세웠다. 바빌론 유적지 입구를 장식하고 있는 이시타르 성문은 청색이라 주변의 황토색과 뚜렷이 구별돼 눈에 확 띈다. 그러나 이는 원래의 것을 본떠 복원한 것일 뿐, 20세기 초 독일의 콜데바이가 발견한 진짜는 베를린의 페르가몬박물관에 소장돼 있다.

바빌론 유적뿐만 아니라 대부분의 메소포타미아 유적은 세월이 흐르면서 폐허가 됐고 상당부분은 땅 속에 묻혔다. 모두 햇볕에 말린 흙벽돌을 건축재료로 사용했기에 설령 그 흔적을 찾아낸다 하더라도 형체를 알아보기 힘든데, 이시타르 성문만은 불에 구운 벽돌로 축조한 데다 그 외벽에 유약을 입혔기에 오랜 풍화작용에도 형태를 잃지 않았던 것이다. 이는 세계 최초의 광택 벽돌이다.

이시타르 성문은 바빌론 사람들에게 곡식과 어린 양과 어린이를 선사하는 풍요의 여신 이시타르에게 봉헌한다는 뜻에서 세운 것으로, 벽면에는 흰색과 노란색 광택 타일로 새긴 사자와 황소와 용이 마치 살아 있는 듯 꿈틀댄다. 바빌론의 주신 마르두크를 상징한다는 용은 뿔이 달린 뱀의 머리, 길쭉한 기린의 목, 비늘 돋은 몸통, 독수리의 발톱 등 실재하는 동물들의 특징적인 부분들을 재구성해 탄생시킨 것이다.

바람의 신, 아다드를 상징하는 황소는 점잖은 표정에다 꼬리를 아래로 내려뜨리고 있고, 이시타르를 상징하는 사자는 용맹스럽기 그지없다. 이들은 모두 바빌로니아의 성수(聖獸)이다. 바빌로니아인들은 동물의 특성을 이처럼 자신들의 삶과 결부시킬 줄 알았던 것이다.

성문의 바탕색인 청색은 생명의 물, 구체적으로 말해서 바빌론의 한가운데로 흐르는 유프라테스강을 나타냈다. 생활에 필요한 것들을 실어 나르는 교역선들은 이 강을 이용해, 걸프만까지 왕래하였고, 강변은 비옥한 농지였으니 유프라테스강이야말로 바빌로니아의 융성을 가져다 준 최고의 공로자였던 것이다.

따라서 이시타르 성문과 거기에 영적 이미지와 풍부한 상상력을 동원하여 새겨놓은 각종 상징물들은 바빌로니아의 모든 것을 표상한 것에 다름 아니다. 이시타르 성문은 출입자의 감시와 외적 방어라는 기능을 할 뿐만 아니라, 그들의 정신세계까지 예술적으로 표현해 내고 있는 것이다. 이시타르 성문은 신년축제가 펼쳐지는 축제도로의 출발점이라 개막식은 성문 앞에서 벌어졌으며, 적군이 공격해오면 성벽 위에서 화살을 퍼부어 섬멸시키는 요새로 바뀌었다.

이시타르 성문 사이로 마르두크 신전까지 훤하게 뚫린 20미

바빌론 도성의 입구
였던 이시타르 성문.
진짜는 독일 페르가
몬박물관에 전시돼
있고 현장의 것은 그
것을 본 떠 복원한
것이다. 벽면에 새겨
진 동물은 바빌로니
아인들의 신성한 동
물로 여겼던 사자와
황소.

터 너비의 축제도로는 신년 축제 때면 마르두크 신상이 신전에
서 마차로 성문까지 옮겨져 화려한 의식이 거행되었는데, 그 모
습이 장관이었다고 기록은 전한다. 길이 완공된 지 2천5백 년
도 넘었건만 아스팔트의 흔적들은 지금도 뚜렷하다. 이곳에서
발견된 한 석판에는 이런 글귀가 새겨져 있다.

"바빌론의 왕, 나보폴리살의 아들, 바빌론의 왕 네부카드네
자르인 짐은 바빌론의 도로를 마르두크신의 행렬을 위해 포장
하였느니라. 신이여, 마르두크신이여! 영원한 생명을 주소서!"

길 한쪽에 황토색 벽돌을 쌓아 올린 거대한 남궁전이 들어
서 있다. 네부카드네자르 대왕이 건설할 당시에는 왕의 알현실
과 옥좌 등 5백여 개의 방이 있었다고 하나 지금은 방을 구획하
는 내벽과 전체 공간을 표시하는 외벽만 덩그러니 서 있다. 이
나마도 사담 후세인이 바빌로니아의 영광을 재현한다며 80년

대에 복원한 결과다. 다만 한가지 입구의 문틀은 볼 만 하다. 그런데 알렉산더 대왕은 허물어진 이 궁전을 보고도 넋을 잃었다고 하니 원래의 모습은 과연 어떠했을까.

남궁전은 대왕이 정사를 보기 위해 세운 것이나 진짜 목적은 더위를 피하기 위해서였다. 그래서 무더운 열기를 차단하고자 옥좌가 있는 방의 벽은 두께가 3미터나 됐고, 입구의 문틀은 아치 형태로 만들어 직사광선이 안으로 들지 못하도록 했다. 남궁전 뒤는 온통 부서진 벽돌더미들 뿐이다. 벽면에 성물들이 새겨져 있어 예사롭지 않다는 것을 알 수 있는데, 학자들은 공중정원의 기단이라고 추정하고 있다.

공중정원에 대해 이런 이야기가 전해 내려오고 있다. 네부카드네자르 대왕이 아미티스를 왕비로 맞았는데 그녀의 고향은 산간지방인 메디아였다. 왕비가 향수에 젖어 늘 우울해 있는 모습을 보다 못한 신하들이 왕에게 아뢰었다.

"왕비가 살던 메디아 땅은 산도 많고 여러 수목들이 자라는데 이곳 바빌론은 평탄한데다 주변 경관이 너무 단조로와 왕비께서 무료해 하시는 것 같으니 건물 옥상에다 계단식 정원을 꾸미고 거기에 여러 가지 꽃과 나무를 심으면 고향에 계시다는 느낌을 갖게 될 것입니다."

왕은 곧 바로 건물 옥상에다 다층 테라스 형태의 드넓은 정원을 만들게 하고는 수목을 심게 했다. 키 큰 야자수 등이 무성한 잎을 드리운 입체적인 정원이 탄생된 것이다. 그러자 왕비는 자주 이곳으로 나와 거닐며 시름을 잊었고, 왕과도 즐거운 시간을 가졌다고 한다. 공중정원은 그야말로 지상의 낙원이었던 것이다.

바빌로니아 제국이 이같은 공중정원을 축조할 수 있었던 것은 방수가 가능한 콜타르와 옥상으로 물을 끌어올릴 수 있는 양수 기술, 광택 타일을 구워낼 수 있는 수준 높은 타일 제작 기술을 갖추고 있었기 때문이다. 그만큼 그들은 건축에서 뛰어난 솜씨를 발휘했다.

고대 그리스인은 이 공중정원을 '세계 7대 불가사의'의 하나로 꼽았다. 콘크리트나 철근도 없던 당시에 그같은 다층구조의 건물옥상에 다층형태의 테라스를 두고 정원을 축조했다는 것이 도저히 이해할 수 없었기 때문이다.

함무라비 이후 다시 찾아온 바빌로니아의 부흥기는 오래가지 못했다. 네부카드네자르 대왕의 뒤를 이은 왕들은 연약했다. 나보니도스왕에 이르러 페르시아군의 침입으로 바빌론이 함락되고, 신바빌로니아 왕국은 페르시아의 지배 아래로 들어가게 된다. 기원전 539년, 바빌로니아 지방은 페르시아 제국인 아케메네스 왕조의 일부가 되어 버렸다. 이것으로 바빌로니아와 함께 메소포타미아 문명은 역사 속으로 사라졌다.

그러나 바빌로니아의 위대한 문명은 결코 죽지 않았다. 그들이 이룩한 과학과 건축, 그리고 정신세계는 정복자인 페르시아로 건너가 맥이 이어졌으며, 그것은 알렉산더 대왕에 의해 다시 그리스로 전해져 서구문명의 초석이 되어 살아 남았기 때문이다. 포로로 끌려왔던 유대인들도 비록 바빌론을 저주했지만 그곳에서 보고 듣고 느낀 것들을 성서에 기록해 놓음으로써 바빌론을 살려냈다. 바빌론은 이래저래 세계문명을 꽃피운 한 알의

'밀알' 역할을 톡톡히 해냈다.

1500년의 찬란한 역사를 자랑하는 바빌론인데도 19세기 말까지만 해도 성서와 헤로도토스가 쓴 『역사』 속에서만 존재해 왔다. 바빌론의 실재는 성서의 기록이 사실일 것이라고 굳게 믿은 독일인 로베르트 콜데바이에 의해 비로소 밝혀졌으니 지금으로부터 채 한 세기도 되지 않는 근래의 일이다.

콜데바이가 지금의 바빌론 유적지에서 첫 삽을 뜨기 시작한 것은 독일(정확히는 프러시아)의 빌헬름 2세가 적극적으로 해외 진출을 꾀하던 1899년이었다. 그때 이라크는 독일의 가장 가까운 동맹국인 오스만 제국의 지배 하에 있었다. 독일은 베를린, 비잔티움, 바그다드로 연결되는 3B정책을 펴고 있었기에 터키와 이라크 지역에 대한 연구가 필요했고, 이를 위해 '독일 오리엔트학회'가 설립되었다.

오리엔트학회는 그 첫 사업으로 바빌론 발굴을 계획했고 그 책임자로 오래 전부터 바빌론 발굴에 관심을 보였던 콜데바이를 선임했다. 그는 오래지 않아 유프라테스강 동쪽 카스르 언덕에서 바빌론 도성의 흔적을 찾아낸 데 이어 도성의 정문인 이시타르 성문도 발굴했다. 바빌론은 그의 예상대로 실재했던 것이다.

5장

신의 선물 바그다드

고레스와 다리우스

키루스왕 대에 이르러 페르시아는 강국으로 자리잡았다. 그는 소아시아 해안의 그리스 식민도시를 함락시킨데 이어 지금의 힌두쿠시 지방에까지 세력을 확장했다. 기원전 539년 신바빌로니아를 침공한 키루스는 한때 동맹을 맺었던 바빌로니아의 왕 나보니두스를 폐위시켰고, 신바빌로니아는 페르시아의 영토가 됐다. 이로써 메소포타미아의 독자적인 정치사와 문명은 저물었고, 이란인들에 의한 페르시아 치하로 들어갔다.

페르시아라는 명칭은 이란 남부의 페르시스(파르스) 지방에 정착하여 이곳을 중심으로 발흥했다고 하여 고대 그리스 등 서방세계에서 부르던 명칭에서 유래한다. 파르스는 말을 탄 사람이라는 뜻으로 이는 페르시아인이 기마민족이었음을 알 수 있게 한다. 그러나 페르시아인들은 자신들이 살고 있는 지역을 아리아인의 땅이라는 뜻인 이란으로 불러주기를 바랐다.

페르시아는 이란고원의 한 귀퉁이에 위치한 기마민족이었는데, 바빌로니아나 이집트 같은 자신들이 정복한 주변 나라에 비해 문화수준이 낮았다. 그러나 페르시아 제국은 정복한 나라의 발달된 문화와 전통을 모두 존중하여 받아들임으로써 복합적이고 다양하면서도 웅장한 문화로 발전했다.

오리엔트 국가들과 그리스가 다신교를 채택한 데 반해, 페르시아는 유대인들과 비슷한 일신교를 채택하였다. 페르시아의 국교는 기원전 6~7세기경 조로아스터(짜라투스트라)가 창시한 조로아스터교다. 이란 민족은 원래 다신교였으나 조로아스터의 개혁으로 일신교와 가깝게 변모했다. 조로아스터교는 선과 빛의 신 아후라 마즈다가 악과 어둠의 신 아리만과 대립하여 최종적으로 승리한다는 이원론적 일신교이며 아후라 마즈다와 그의 상징인 불을 숭배했다.

기원전 549년, 메디아를 병합한 키루스 대왕은 아케메네스 왕조로 불리는 페르시아 제국을 건설하였다. 키루스는 이란족을 처음으로 통합하고 당시 문명세계의 대부분을 정복하였으며 관용정책을 펼쳐 현재 이란인은 그를 군사적인 성취를 이룩한 정복군주로서가 아니라 관용과 예지를 갖춘 이상적인 통치자로서 존경하고 있다.

키루스 대왕의 전과는 혁혁했다. 그는 메디아를 침략한 리디아에 대해 메디아왕의 후계자로서 응전하여 리디아를 멸망시켰다. 또한 그는 소아시아 일대의 그리스 도시국가들을 속국으로 만들었고, 기원전 539년경에는 세계에서 가장 큰 도시이자 난공불락의 요새로 불리던 바빌론을 함락시켰다. 그는 바빌론 정복 이후 그곳에 억류되어 있던 유대인들을 본토로 귀환시켰으며, 바빌로니아가 파괴했던 예루살렘 성전도 복구하도록 명령을 내려 성전 재건축을 지원했다. 구약성서에 고레스라는 이름으로 등장하는 키루스는 유대민족의 목자로 기록되어 있다. 그가 해방시킨 바빌론의 유대인 중 일부는 그를 따라서 이란으로 이주하였는데, 현재 이란에는 약 2만8천 명의 유대인이 거주하고 있다. 그는 용맹한 정복자이면서도 관대하고 포용심이 강한 군주였으므로 페르시아뿐 아니라 그리스인들에게까지 두루 존경을 받았다.

키루스는 바빌로니아가 정복하였던 시리아와 팔레스티나 지역도 지배하였다. 이에 만족하지 않고 꾸준히 동방으로 원정을 감행하던 그는 결국 유목민 부족 마사게타이와의 전투 중에 전사했다.

키루스 대왕은 이집트 정복을 꿈꾸었으나 이루지 못하고 사망하였고, 사후에 아들 캄비세스 2세에 의해 이집트도 페르시아 제국에 복속되었다. 이렇게 해서 페르시아는 리디아, 바빌로니아, 이집트라는 주변의 강대국을 모두 정복하게 된 것이다. 그 후 다리우스 1세 때에는 적극적으로 정복사업을 벌여 마케도니아와 그리스 북쪽의 기마민족 트라키아를 점령했다. 다리우스 1세는 이전의 메디아 왕국과는 달리 상당한 정도의 중앙집권 체제와 튼튼한 경제·사회 체제를 이룩하여 명실상부한 제국의 틀을 갖추었다. 제국 전역은 촘촘한 도로망과 국가가 운영하는 역마 체제로 연결되어 아무리 오지라 하더라도 15일 이내에 연결이 가능하였다. 당시 터키의 한 속주와 페르시아의 수도를 잇는 도로의 길이는 무려 2,600킬로미터에 이르렀다. 그는 페르시아를 번영시킨 훌륭한 군주였다. 국내 체제가 정비되자 밖으로 눈을 돌려 그리스 정벌에 나섰다. 그 결과 이란 역사상 가장 방대한 영토를 통치한 군주가 되었다. 지중해와 홍해를 잇는 운하를 최초로 건설하였는데, 그 위치는 지금의 수에즈 운하와 거의 일치한다. 그는 페르시아전쟁이라 불리는 아테네와의 전투로 우리에게 익숙한 인물이다.

페르시아 제국이 쇠퇴기에 접어든 것은 기원전 5세기 말, 그

리스 원정을 시도했다가 실패하면서부터다. 페르시아전쟁은
동양과 서양이 맞붙은 최초의 전쟁이었다. 그리스의 도시국가
들이 페르시아에 저항하는 반란을 일으키고, 아테네가 이를 지
원하자 그는 3차에 걸쳐 그리스를 침공하였다. 기원전 492년
의 1차 원정은 폭풍으로 인해 실패하였고, 2차 원정 때에는 아
테네 북동쪽 마라톤평원까지 진격하였으나 아테네군에게 대패

페르시아 다리우스 궁전에 새겨져 있던 활쏘는 병사 모자이크. 루브르박물관 소장.

하고 퇴각하였다. 바로 그 전투가 마라톤 경기의 기원이 된 마라톤전투다.

기원전 490년, 아테네를 중심으로 한 그리스 연합군은 마라톤평원에서 페르시아군을 격퇴하여 압도적인 승리를 거둔다. 이때 그리스 병사 한 명이 전령 역할을 자청하여 마라톤에서 아테네까지 42킬로미터가 넘는 거리를 쉴새없이 달려가 전투의 결과를 초조히 기다리던 아테네 시민들에게 "우리가 이겼다"는 한 마디를 전하고 숨이 끊어졌다는 '마라톤의 기원' 이 전하는 전쟁이다.

다리우스 1세는 퇴각한 후에 그리스 재침공을 준비하다가 사망했다. 다리우스 1세의 뒤를 이은 크세르크세스 1세는 다시 대군을 이끌고 그리스로 향했다. 그러나 살라미스해전에서 그리스 연합군에게 다시금 크게 격파당하여 본국으로 퇴각할 수밖에 없었다. 그리스는 남아 있는 페르시아의 육·해군을 그리스 영토에서 몰아내어 페르시아전쟁을 마무리했다. 페르시아는 10여 년에 걸친 그리스 원정의 실패와 키루스 사후 정복민의 반란과 지배층 분열, 왕권 다툼의 혼란속에 국력이 쇠퇴하기 시작하였다. 역사가들은 페르시아전쟁을 오리엔트의 전제군주제와 서양의 자유민주제가 대립한 결과 자유민주제가 승리를 얻은 전쟁으로 보기도 한다. 어쨌든 이로써 페르시아의 세력이 약화되고 그리스 국가들이 세력을 얻게 된 것은 당연한 일이다.

세계의 정복자 알렉산더 대왕

그리스 세계의 주도권은 아테네와 스파르타를 거쳐 마케도니아로 넘어갔다. 마케도니아의 알렉산더 대왕은 그리스 세계를 통일하고 세계 대제국의 건설을 목표로 원정에 나서 다시 페르시아와 부딪친다. 메소포타미아 지역은 페르시아 제국과 알렉산더의 대결장으로 변한다.

알렉산더는 필립포스 2세와 올림피아스의 아들로 알렉산더 대왕 또는 알렉산드로스 3세라고도 한다. 알렉산더는 페르시아 제국을 무너뜨리고 마케도니아의 지배력을 인도까지 넓혀 헬레니즘 세계의 토대를 쌓았다.

알렉산더에 관해서는 살아 있을 때부터 전설적인 이야기로 다루어졌으며 사후에는 개략적인 윤곽만 역사적인 사실과 일치할 정도로 거대한 전설의 주인공이 되었다. 그의 탄생에 관해서는 그리스의 작가 플루타르크가 "올림피아스가 배에 벼락이 떨어지는 꿈을 꾸고 임신하였다" 또는 "필립포스가 아내의 곁에 있는 뱀을 보았다"고 『영웅전』에서 기록하고 있다.

당시의 대학자인 아리스토텔레스가 마케도니아 수도인 펠라의 궁정에 초빙되어 3년 동안 그에게 윤리학 · 철학 · 문학 · 정치학 · 자연과학 · 의학 등을 가르쳤다. 그는 호메로스의 시를 좋아하여 원정 때도 그 책을 지니고 다녔으며, 학자들에게 각지를 탐험하고 측량하게 했다. 알렉산더가 변함없이 그리스 문화를 숭상한 것은 스승 아리스토텔레스의 영향을 받은 데 기인한다.

알렉산더가 왕위에 오른 것은 기원전 336년이었다. 부왕이 암살되었지만, 군대의 추대를 받아 20세의 젊은 나이로 마케도니아의 주인이 되었다. 2년 뒤 알렉산더는 마케도니아군과 헬라스 연맹군을 거느리고 페르시아 원정을 위해 소아시아로 건너갔다. 그는 마케도니아인 뿐만 아니라 그리스인을 포함한 보병 3만, 기병 5천, 그 밖의 학자들과 함께 페르시아로 향했다. 당시 소아시아는 페르시아가 지배하고 있었기 때문에 그들과의 대결은 필연적이었다. 마르마라해 부근의 그라니코스강에서 페르시아군과 최초로 마주쳤다. 페르시아군의 계획은 알렉산더가 강을 건너도록 유인하여 육박전으로 그를 살해하는 것

이었는데, 이 계획이 거의 성공을 거둘 뻔했으나 페르시아군의
전열이 무너지는 바람에 알렉산더가 승리를 거두었다.

기원전 333년 소아시아의 이수스에서 알렉산더 대왕과 페
르시아의 다리우스 3세는 운명을 건 일전을 벌였다. 이탈리아
나폴리의 고고학박물관에 있는 「알렉산더 대왕의 이수스 전투」
라는 대형 모자이크 작품은 당시의 모습을 잘 보여 주고 있다.
이 작품은 폼페이의 '목신(牧神)의 집' 앞마당에서 발견되었다.

이수스 전투에서 다리우스 3세의 군대를 대파한 데 이어 페
르시아 함대의 근거지인 티루스와 가자 등을 점령하였다. 티루

폼페이에서 발굴된 알렉산더 대왕의 이수스 전투도 모자이크. 다리우스 3세와의 전투 장면인데, 중앙의 다리우스는 겁먹은 표정을 하고 있다. 니폴리 고고학 박물관.

스 포위전이 진행중일 때 다리우스 3세는 새로운 제안을 내놓았다. 그 응답으로 알렉산더는 페르시아의 역사적 과오를 조목조목 밝히면서 자신을 아시아의 군주로 인정하고 무조건 항복할 것을 요구하는 오만한 답장을 보냈다. 전하는 이야기에 따르면, 알렉산더의 부장인 파르메니오 장군이 "내가 알렉산더라면 그 제안을 받아들이겠습니다"라고 말하자 이에 대해 알렉산더가 "나 역시, 내가 파르메니오라면 그랬겠지"라고 응수했다는 유명한 일화가 있다.

기원전 332년 7월 티루스를 함락시킨 것은 알렉산더의 가장 큰 군사적 성과였다. 그는 시리아와 페니키아를 정복한 다음 이집트를 공략했다. 이집트에서는 나일강 하구에 자신의 이름을 딴 도시 알렉산드리아를 건설하고 1,000킬로미터가 넘는 사막을 거쳐 지금의 룩소르인 테베의 아몬신전에 참배하였다. 힘든 여정 때문에 이 부분과 관계된 많은 전설과 이야기가 전한다. 그가 오아시스 한가운데 있는 신탁소에 도착하자 제사장은 파라오를 맞이하는 전통적인 경배를 그에게 보냈다. 알렉산더는 아몬에게 자신의 원정이 성공할 것인지 물었으나 그에 대한 응답을 아무에게도 공개하지 않았다. 이 일은 후에 그가 '제우스의 아들'이라는 전설의 근거가 되었으며 그의 신격화에 기여했다.

기원전 330년 다시 군대를 돌려 메소포타미아로 가서 세 번이나 페르시아군과 싸워 대승하였다. 이때 페르시아의 다리우스 3세는 도주하였으나 그의 신하에게 죽음을 당하였다. 다리우스 3세가 죽자 알렉산더의 장애물은 아무것도 없어졌다. 당시 세워진 로도스의 한 명문(銘文)에는 그를 '아시아, 즉 페르시아 제국의 군주'라고 불렀으며, 그 직후부터 중앙아시아에서 발행되는 주화에는 알렉산더가 새겨졌다.

아시아의 군주 알렉산더는 마케도니아군과 그리스군 중에 지원자만을 거느리고 다시 동쪽으로 원정하여 이란고원을 정복한 뒤 인도의 인더스강에 이르렀다. 그러나 군사 중에 열병이 퍼지고 장마가 계속되었으므로, 군대를 돌려 기원전 324년에 페르시아 제국의 수도 페르세폴리스에 되돌아왔다.

알렉산더에게 소아시아는 동서의 세계를 하나로 통합하겠다는 큰 꿈을 이루는 것 이상의 가치를 지녔다. 소아시아는 어린 시절부터 외워온 호메로스 서사시의 무대였다. 청년 시절 호메로스의 『오딧세이』와 『일리아드』를 읽으면서 키웠던 대제국의 꿈을 결국 이루어 냈다. 그러나 세계제국을 건설한 그도 오랜 원정길에서 얻은 열병으로 인해 기원전 323년, 그가 세상의 그 어느 곳보다도 좋아했던 바빌론의 남궁전에서 32세의 나이로 요절하고 말았다.

알렉산더는 자기가 정복한 땅에 알렉산드리아라고 이름붙인 도시를 70곳이나 건설했다고 한다. 이 도시들은 그리스 문화를 전파하는 거점이 되었고, 헬레니즘 문화의 형성에도 큰 역할을 하였다. 알렉산더는 결국 유럽, 아시아, 아프리카 3대륙에 걸치는 역사상 최초의 대제국을 건설하였다. 뿐만 아니라 그는 정복지에 그리스 문화를 심어 이른바 헬레니즘 문화를 이루었다. 그러나 그가 죽은 뒤 대제국 영토는 마케도니아 · 시리아 · 이집트의 세 나라로 갈라지며 알렉산더 대왕의 시대는 끝났다.

동서 무역의 중심지 사산조 페르시아

알렉산더 대왕이 사망한 후 메소포타미아 지역에는 셀레우코스 왕국이 들어섰다. 이 때 세워진 것이 하트라 유적이다. 이는 '이완'이라 불리는 아랍식 건축형식을 기본으로 하여 지은 신전인데, 1985년에 지정된 이라크 유일의 세계문화유산이다. 이라크는 고대문명 발상지인데도 그보다 후대의 유적인 하트라 유적만이 세계유산으로 지정되었다는 게 조금은 이해가 되지 않는다. 이라크인들은 유네스코와 미국이 정치적 이유 때문에 메소포타미아문명에 대해 관심을 갖지 않는다고 말한다.

하트라는 도시국가였다. 기원전 1세기 알렉산더 대왕의 사후 오리엔트를 지배했던 그리스계 왕조인 셀레우코스가 쇠락하자, 메소포타미아 지역에선 도시국가들이 우후죽순처럼 생겨났다. 하트라도 그 중의 하나였다. 카스피해 동부에서 일어난 기마민족이 파르티아 제국을 세우자 하트라는 그에 예속되었다. 그리하여 독립적 지위를 잃긴 했으나 동서간의 문화교류는 물론, 교역에도 큰 역할을 했다.

하트라로 가는 길은 평탄한 사막의 연속이다. 사방 모두가 끝없는 지평선이다. 하트라는 이런 곳에 홀로 외로이 있다. 하트라는 원형의 도시이며 그 바깥으로 두 개의 성, 즉 외성과 내성이 두르고 있는데, 외성의 동문이 입구 노릇을 한다. 거기서 중심 유적이 있는 방형의 성역까지는 약 600미터. 그 사이의 넓은 공터엔 커다란 돌덩이들이 나뒹굴고 있고, 더러 예쁜 장식

의 주두(柱頭)들이 살짝 고개를 내밀고 있어 예전에는 많은 건물들이 들어서 있었음을 알려준다.

내성의 주문은 세 개의 아치형 문으로 이루어진 아슈르문이다. 그것을 지나면 넓은 마당이 펼쳐진다. 그 한가운데로 길게 뻗은 길은 신도(神道)로, 옥외 제단과 중심 신전으로 이어진다. 옥외 제단 뒤로 중심건물인 왕궁 신전이 버티고 있다.

중심 신전의 정면은 8개의 이완으로 되어 있다. 이완이란 한쪽 벽면에 훤하게 뚫린 큰방으로 돔형 천장은 아주 높다. 이완 양식은 페르시아 지역에서 태어나 서양 건축과 이슬람 건축에 많은 영향을 끼쳤는데, 그러한 역할을 한 것은 바로 이 하트라였다.

이완의 가장 깊숙한 곳에는 제단이나 신상을, 나머지 두 개의 벽면은 인물상이나 동물상으로 장식돼 있다. 동물상 가운데서도 독수리 상은 지금에 와선 이라크의 문장(紋章)이 됐다.

하트라 유적지에 있
는 신상.

슬픈 바그다드

하트라 유적의 압권은 이완 입구의 아치형 문이다. 문틀의
상단을 이루는 아치형 띠에 여러 개의 인물 조각을 베풀어 장식
효과를 높였다. 건축의 중심 테마가 되고 있는 아치형은 페르시
아에서 온 것이고, 장식으로 동원된 인물상은 헬레니즘의 기법
에 의한 것이다. 동과 서는 이처럼 하트라의 건축에서 서로 만
났다. 동서 교통의 요지 하트라는 3세기 로마군에 의해 함락되
고, 파르티아는 곧이어 사산조 페르시아에 정복되어 역사의 저

편으로 사라졌다.

이라크 땅은 잠시 평화를 찾았다. 그러던 중 기원전 247년 이란 북동부 호라산 지역에 독립 왕조인 파르티아가 건국됐다. 파르티아의 미트라다테스 1세는 셀레우코스 왕국을 침입, 옛 바빌로니아 영토까지 포함하는 대제국을 이루었다. 메소포타미아의 주인이 이렇게 바뀔수록, 그 땅에는 생채기가 났다.

파르티아는 중앙아시아 지방에서 활동하던 이란 계통의 유목민이었다. 고구려 무용총 벽화에는 꿩 깃털을 꽂은 사냥꾼이 달리는 말 위에서 몸을 뒤로 돌려 활을 쏘는 모습이 담겨 있다. 이렇게 쏘는 활을 파르티안 샷(Parthian shot)이라고 하는데, 파르티아 유목민들이 이런 자세로 활을 잘 쏘아 붙여진 명칭이다. 달리는 말 위에서 움직이는 짐승이나 사람을 겨냥해 쏘아 맞추는 일은 말을 타고 살아보지 않은 정착 농경민들에게는 쉽지 않은 일이다. 정착민들에게는 말을 탄 체 활을 쏘며 쳐들어오는 유목민들이 공포의 대상이었다. 기원전 4세기에 서로마 제국을 종말로 몰고 갔던 몽골리안 투르크계의 유목민 훈족이 얼마나 활을 잘 쐈는지, 로마의 한 역사가는 '훈의 화살은 빗나가는 법이 없다. 훈이 활을 겨냥하는 자를 애도하노니, 그의 활은 죽음을 가져옴이라' 라고 적고 있다.

파르티아는 한(漢) 무제 때 중국과 교류하여 안식국(安息國)으로 소개되었다. 파르티아는 페르시아의 전통을 지켜 나가면서, 중국과 인도, 로마까지 이어지는 동서 교통로를 차지하고 로마와 세력을 견줄만큼 강력한 제국이 됐다. 파르티아는 비단길을 통한 중계무역으로 부를 쌓았으며 동서방의 양대 제국인

무용총의 수렵도. 말을 탄 채 뒤로 돌아 활을 쏘는 파르티안 샷이 선명하게 드러난다.

로마와 중국을 이어주는 역할을 하였다. 그러나 로마와 싸우면서 점차 힘이 쇠퇴하였고, 서기 224년 사산 가문의 아르다시스가 일으킨 반란으로 멸망한다.

파르티아를 멸망시킨 사산 왕조는 아케메네스 왕조의 페르시아를 계승하여 사산조 페르시아라고 불렸다. 사산이란 왕조명은 그들의 선조가 조로아스터교의 사제였던 사산이라는 이름에서 유래한다. 사산조 페르시아의 발상지는 고대 페르시아를 건국한 아케메네스 왕조와 같은 지방인 파르스이다. 사산 왕조는 파르티아보다 훨씬 광대한 영토를 장악하였으며 아르메니아 지역을 놓고 로마와 대립하기도 했다. 사산조 페르시아는 아케메네스 왕조 때의 페르시아처럼 조로아스터교를 국교로 삼았으며 5세기, 동로마 제국과 백년간의 평화협정을 맺은 뒤에는 내국인에게 기독교 신앙을 허락하였다.

사산조 페르시아는 동서 무역으로 번영했는데, 인도와 그리스 문화 등이 융합되어 만들어진 독특한 페르시아 문화는 비잔틴 문화에 영향을 주었을 뿐 아니라 중국에까지 전파되었다. 사산조 페르시아는 비잔틴 제국과의 오랜 전쟁으로 쇠약해지고, 결국 7세기 이슬람 세력의 침입으로 멸망했다.

사산조 페르시아의 국가체제는 잘 정비되어 모범적인 것으로서, 후세의 무굴제국과 이슬람 국가에 의해 계승되었다. 카바드 1세 때 착수한 토지대장에 의해 호스로 1세는 인두세와 조세 제도를 새로 제정하였는데, 이것도 여러 나라에 의해 채택되었다. 또한 사산조 페르시아는 공예나 그림무늬의 도안에 뛰어난 작품을 남겼으며, 투르크인들이 비단길을 통해 벽걸이 장식, 보석, 각종 옷감, 청동기, 화장품 등을 중국에서 들여와 상류사회의 인기상품으로 환영을 받았다.

이라크 땅의 주인은 또 바뀌게 된다. 610년에 로마의 14대 황제로 즉위한 헤라클리우스는 페르시아를 침략하고 메소포타미아는 물론 시리아와 이집트도 정복했다. 한편 로마와 페르시아가 전쟁을 계속할 때 아라비아 반도에서는 이슬람이 태어나 성장하고 있었다.

이슬람 시대의 개막

마호메트가 632년에 창시한 이슬람교는 빠르게 주변으로 퍼졌고, 메소포타미아도 곧 그 영향권 아래 들어갔다. 이슬람 제국의 제2대 정통 칼리프 우마르는 642년 사산조 페르시아를 멸망시키면서, 바그다드 남쪽 카디시아에서 치열한 전투를 치렀다. 미국의 이라크 침략으로 치열한 공방전이 벌어졌던 걸프만의 요항 바스라는 우마르가 건설한 도시이다. 이후 바스라는 이슬람제국의 상업 중심지로 성장한다.

이슬람 초기 예언자 마호메트는 반대 세력의 탄압을 피해 추종자들과 함께 메카에서 메디나로 이주하였다. 이를 헤지라라고 하는데, 622년의 일로, 이 해는 후에 이슬람역의 원년이 된다. 마호메트는 메디나에서 이슬람 공동체인 움마를 만들었다. 마호메트는 이 공동체를 세우고 신의 사도로서, 중재자로서, 군사령관으로서 제정일치의 모든 권한을 쥔 강력한 종교적 · 정치적 지도자로 등장하게 된다. 그는 아라비아반도를 제압하여 이슬람 제국의 기초를 다졌다. 마호메트의 뒤를 이은 네 명의 정통 칼리프들은 이슬람교의 확장과 조직에 여념이 없는 시간을 보냈다.

4대 정통 칼리프로서 마호메트의 사촌이자 사위인 알리가 추대된 후, 이슬람 공동체는 내란의 위기에 직면했다. 이것은 알리와 무아위아와의 주도권 다툼이었다. 결국 알리가 그들에 의하여 암살당하고, 정통 칼리프 시대는 종말을 고했다. 그 후

90년 동안 공동체의 지도권은 무아위아가 세운 우마이야 왕조
가 독점하게 되었다. 무아위아는 수도를 메디나에서 다마스쿠
스로 옮기는데, 우마이야 왕조는 바로 이곳에서 전통적인 이슬
람식 합의제 방식을 무시하고 부자 권력 승계의 원칙을 확립했
다.

　우마이야 왕조의 권력이 정점에 도달한 시기에는 정복을 통
한 제국의 확장이 이루어져 중앙아시아, 스페인과 이베리아반

도, 그리고 인더스강 방향의 세 지역으로 뻗어 나갔다. 이 중에서 인도 원정은 오늘날 파키스탄의 모태가 되었다. 이러한 영토확장으로 피정복지의 주민들이 서서히 이슬람 사회에 동화되기 시작하였으며 그들의 관습, 문화, 사상이 자연스레 유입되었다. 우마이야 시대의 문학과 이슬람 학문의 발달에 크게 이바지한 것은 바로 이들 비아랍계 무슬림들이었다. 이슬람의 법학, 자연과학, 신학, 문법학도 이 시기에 시작되었다.

우마이야 최고의 종교 공간인 우마이야 모스크와 아젬 궁전 등은 대표적 유물이다. 최대의 모스크를 짓고자 했던 우마이야의 칼리프가 지금의 이스탄불인 콘스탄티노플에서 1만2천 명의 건축 기술자들을 다마스쿠스로 초빙하여 이슬람 최대의 모스크인 우마이야 모스크를 지었다. 콘스탄티노플의 성 소피아 사원을 본떠 지은 우마이야 모스크는 구조와 형태, 건축, 장식 등에서 이슬람 최고의 것이다. 그런데 재미있는 것은 기독교 성자의 한 사람인 세례자 요한의 머리가 묻혀 있는 묘당이 바로 이 모스크의 예배실 한가운데 자리하고 있다는 사실이다. 무덤이 있던 자리에 모스크를 세우면서 무덤을 헐지 않았기에 그렇게 된 것이다. 우마이야 왕조는 소수의 아랍인들이 다수의 비아랍인들을 통치하는 구조였다. 그러므로 우마이야 왕조의 아랍인들은 다양한 종족들과 종교집단을 지배하기 위해 아랍인 우위정책을 고수하였다. 그 결과 종파간 분열과 싸움으로 반목의 골이 깊어지게 되었다. 그러한 가운데서 그들은 이슬람으로 개종하는 자들에게 감세의 특전을 베풀었다. 즉 무력에 의한 포교보다는 세제상의 차등이라는 제도적 장치를 통하여 비이슬람

교도들을 평화적인 방법으로 개종시켰던 것이다. 비아랍계 교도들은 코란의 가르침을 통해 믿음에는 아랍과 비아랍과 같은 인종차별이 있을 수 없으며 오로지 독실한 신앙심만이 중요하다는 것을 인식하게 되었다. 그러나 현실에서는 아랍인 우위정책이 계속 시행되었기 때문에 비아랍계 무슬림들의 불만이 적지 않았다.

이때부터 오랫동안 이슬람 제국 통치권을 둘러싼 치열한 내전이 메소포타미아 일대를 할퀴었다. 교조 마호메트가 후계자를 지명하지 않은 채, 또 아들도 없이 사망한 것이 이슬람 분쟁의 단초가 됐다. 칼리프가 사망하면 그 후계자를 결정할 때마다 분규의 가능성이 있었던 것이다. 우마이야 왕조가 칼리프를 세습제로 바꾸자, 마호메트의 친인척과 그 지지자들이 "세습한다면 우리에게도 권리가 있다"는 식으로 맞선 것이다.

알리가 4대 칼리프로 즉위한 후 각 지역에 이에 반발하는 반란이 일어났다. 이를 진압하기 위해 알리가 총독들의 봉토와 직위를 빼앗자, 시리아 총독인 무아위아가 강력한 반대 세력을 집결시켰다. 또 마호메트의 둘째 부인이었던 아이샤가 바스라를 근거로 알리에게 대항했다. 사정이 이렇게 되자 알리는 656년 10월 지지 세력을 모아 바스라로 진격, 이슬람 세력간의 최초의 전쟁인 낙타전쟁이 일어났다. 낙타전쟁이란 아이샤가 낙타를 타고 있어서 붙여진 이름이다.

680년에 알리파의 칼리프 계승권 주창자인 후세인과 그의 추종자들이 남부 이라크의 카르발라에서 우마이야군에 패하여 학살당했다. 후세인의 죽음은 곧 순교로 떠받들어졌다. 그 결과

알리의 후계자인 후
세인의 순교를 기념
해 680년 건립된 카
르발라 사원.

슬픈 바그다드

우마이야 왕조에 대한 반대세력인 알리의 부인 파티마 계열과
알리의 자손을 구심점으로 내세워 그들만이 칼리프의 정당한
계승자라고 주장하게 되었다. 이는 곧 시아파의 등장으로 이어
졌다. 이슬람은 크게 수니파와 시아파로 나뉘는데, 이렇게 기존
이슬람 체제를 인정하는 다수파를 수니파라고 부른다. 이에 대
하여 공동체의 지도권은 예언자 마호메트의 피를 받은 알리의
후예여야 한다고 주장하는 집단이 시아파이다.

당시의 상황에는 복잡한 정치적 배경이 작용했다. 우마이야 왕조의 아랍인 우대정책으로 아랍 지배계급이 막대한 경제권을 행사하게 되자 상류층을 상대로 생계를 유지하는 비아랍계 무슬림이 생겼다. 마왈리라고 불린 이들은 페르시아, 이집트, 베르베르 및 다른 비아랍계 개종자였다. 마왈리들의 불만은 시아파의 종교운동과 밀접하게 결합되어 나타났다. 시아파의 선전은 일반 대중에게 커다란 성공을 거두었다. 가난한 비아랍계의 무슬림에게는 예언자의 후손이 정당한 후계자, 즉 칼리프가 되어야 마땅하다는 논리의 호소력이 컸다.

시아파 이슬람은 본질적으로 국가와 기존 질서에 대한 저항을 종교적인 용어로 표현한 것이다. 즉 국가와 기존 질서에 영합하는 것은 이슬람교의 주류파, 즉 수니파에 자동적으로 속하게 되었다. 시아파가 이끄는 저항운동은 아랍인에 대한 민족적 저항이라기보다 오히려 교리상의 논점과 그에 따른 국가관을 지닌 추종자의 아랍 상류층에 대한 사회적인 저항이었다. 그들의 반대는 아랍인이거나 이란인이거나 관계없이 지배층인 귀족에게 향한 것이었다.

제국의 확대에도 불구하고 우마이야 왕조 아래의 이슬람 공동체는 평온하지 못했다. 정부의 세속적 성격이나 아랍인 우대정책은 비아랍계 무슬림인 마왈리와 원리주의를 따르는 신도들의 불만과 반발을 유발시켰다. 결국 압바스가는 이와 같은 불안정요인을 최대한 결집시켜가며 오랜 노력의 결과 반란에 성공하여 750년 우마이야 왕조를 쓰러뜨리고 압바스조를 세웠다. 이로써 우마이야 왕조는 멸망하고, 압바스 왕조의 시대가 열렸다. 초대 칼리프에 마호메트의 숙부인 아부 알 압바스가 즉위하였으며, 이후 몽골족이 바그다드를 함락할 때까지 대략 5백여 년간 존속하였다.

아랍인 우월주의 정책을 폈던 우마이야 왕조와는 달리 압바스 왕조에서는 정권 창출에 크게 기여한 페르시아인들의 정치 참여가 두드러지게 되었다. 이에 따라 새 왕조에서는 아랍적인 색채보다는 페르시아적인 요소가 강화되어 페르시아의 전제정치와 행정제도가 도입되고 페르시아 출신들이 고위관직에 등용되었다. 동시에 신학자나 법학자 등 이슬람의 성직자층과 나란히 관리 · 상인 · 지주가 지배계급의 자리를 차지했다.

바그다드에서 북쪽으로 124킬로미터 떨어진 사마라는 9세기 한때 압바스 왕조의 수도였던 곳이다. 바그다드에 황금시대를 가져다준 알 마문에 이어 칼리프가 된 마문의 배다른 동생 알 무타심은 운명론자였다. 모든 것을 운명의 탓으로 돌렸다. 나라의 형편도 자연 기울기 시작했는데, 그러자 그는 바그다드를 버리고 사마라로 천도했다. 왕도의 역사는 고작 85년에 지나지 않았다. 그 뒤 곧바로 바그다드로 돌아왔다.

사마라란 보는 사람이 즐겁다는 뜻의 스르르 만 라에서 나왔다. 칼리프는 그 이름에 걸맞게 도시를 건설하고 장식했는데 사마라 미나레트는 그때 축조된 대표적 건축물이다. 정식 명칭은 마르위야다.

미나레트는 모스크에 부속된 첨탑으로 그 옆에는 반드시 모스크가 있게 마련인데, 사마라에는 1만 명을 수용할 수 있는 모스크가 세워졌다. 이 사원은 길이가 240미터, 너비가 156미터,

바그다드 북쪽 90km
떨어진 사마라에는
높이 52m의 사마라
미나레트가 서 있다.
미나레트란 모스크
옆에 세워진 첨탑이
다.

높이가 13미터에 이르는 이슬람 역사상 최대의 모스크다.

사마라의 미나레트는 52미터라는 높이도 세계 최고일 뿐 아
니라 둘레에 나선형의 상승램프를 두어 사방을 조망하면서 위
로 오를 수 있도록 되어 있는 구조 또한 지상에서 단 하나밖에
없는 것이라 세계 건축사의 한 장을 장식하고 있다.

꼭대기에는 높이 6미터의 원형의 방이 있으며, 그 위의 최상

부는 전망대다. 거기선 사방이 파노라마처럼 한눈에 들어온다. 따라서 마르위야는 지구라트와 바벨탑, 공중정원 등 메소포타미아 건축에서 영향을 받아 축조한 것으로 추정된다.

사마라 시내에는 알리 알 하디와 그의 아들 하산 알 아스카리가 잠들어 있는 아스카리 모스크가 서 있다. 돔과 미나레트의 상단은 황금으로 도금이 돼 있어 멀리서도 눈이 부신다.

신의 선물 바그다드

압바스에 이어 칼리프가 된 만수르는 작은 도시였던 바그다드를 압바스 왕조의 새 수도로 정했다. 당시의 이름은 평화의 도시라는 뜻의 메디나 알 살람이였지만 만수르는 페르시아식 이름인 바그다드를 선택했다. 만수르는 새 수도의 터전을 찾기 위해 답사하던 중 촌락에 불과한 바그다드에 도착했을 때 이렇게 말했다.

동쪽의 티그리스강과 서쪽의 유프라테스강 사이에 있는 이 섬은 세계를 상대로 하는 문물의 집산지이다. 와시트, 바스라, 우불라, 아와즈, 오만, 바레인과 더 먼 지역에서 티그리스강을 거슬러 올라오는 배들은 모두 여기 정박할 것이다. 또 모술, 아제르바이잔, 아르메니아, 시리아, 이집트, 북아프리카에서 온 배들이 화물을 여기에 풀 것이다. 이 곳은 자발, 이스파한, 호라산 사람들이 드나드는 요지이다. 내 앞의 통치자들이 모두 이 곳에 관심을 두지 않게 하고, 오직 나를 위해 이 곳을 보전하신 신에게 감사한다. 나는 맹세코 이 곳을 건설할 것이며, 한평생 여기에 살 것이며, 나의 후손들도 이 곳에 살 것이다. 이 곳은 틀림없이 세계에서 가장 번영하는 도시가 될 것이다.

만수르의 소망대로 바그다드는 역사의 전면에 등장했다. 만수르는 금으로 된 궁전을 짓는 등 수도에 걸맞는 도시를 건설해 나갔다. 그의 예언대로 바그다드는 곧 세계 무역의 중심지가 됐으며, 당의 장안이나 동로마 제국의 콘스탄티노플과 함께 세계 3대 도시로 성장했다.

이라크의 수도 바그다드는 신의 선물이란 의미를 갖는다. 다마스쿠스에 도읍한 우마이야 왕조를 쓰러뜨린 압바스 왕조의 두 번째 칼리프 알 만수르가 다마스쿠스를 버리고, 그 동쪽 흙탕물을 튀기며 남쪽으로 세차게 흐르는 티그리스 강변에 신도시를 건설하면서부터 그 역사가 시작됐다.

만수르가 세운 신도시는 외벽, 주벽, 내벽 등 3중의 성벽으로 둘러싸인 원형의 도시였다. 도성을 감싸는 외벽은 하단의 두께가 9미터나 되었고 4개의 성문을 두었다. 또 성벽 바깥으로는 다시 깊고 넓은 해자를 둘러 적이 쉽게 접근하지 못하도록 했다.

그러나 이 정도로는 마음이 놓이지 않았던지 그들은 성문과 성문 사이에 28개의 높은 탑을 세워 성 안팎을 감시했다. 이렇게 물샐 틈 없이 완벽한 방어태세를 갖춘 원형의 도시는 천국을 지상에 재현하려 한 성역이었다.

중심에 신에게 감사와 구원의 예배를 드리는 공간이 있는 것은 당연했다. 그곳에 황금빛 돔으로 덮인 알 만수르 모스크가 세워졌고, 그 옆에는 초록색 지붕의 칼리프의 궁전인 금문궁(金門宮)이 자리했다. 그들에게 있어 황금색은 고귀함을, 초록색은 이슬람을 상징했다. 왕궁 앞에는 왕자들의 거소와 행정관청, 귀족·고관·관료들의 거주지가 들어섰다.

바그다드에 압바스 궁전이 들어선 것은 12세기 말이다. 중정(中庭)과 2층 구조의 궁궐로 이루어졌는데, 건물에는 이완 형식이 주로 쓰였다. 13세기에 세워진 아랍 최초의 대학 무스탄시리야대학 건물도 이를 모델로 삼았을 정도로 이슬람 건축의 전범이 됐다. 궁전은 부분적인 손질을 거쳐 지금은 이라크 문화재 관리국의 청사로 쓰이고 있다.

이제 바그다드는 아랍인뿐만 아니라 페르시아인, 그리스인, 인도인 등 가지각색의 인종과 문화, 종교가 뒤섞이는 범세계적인 문화의 중심지가 되었다. 또한 압바스조의 바그다드는 풍부한 수자원과 인도 무역의 중계지라는 유리한 지리적·자연적 조건 덕택에 상업활동이 활성화되어 경제적 중심지로 발달되었다. 이라크를 중심으로 농업이 크게 개발되는 한편, 섬유산업이 발달하여 그 제품은 세계 각지로 수출되었지만, 경제적 번영과 함께 사치와 향락, 도덕적 타락 현상이 만연하였다. 압바스조 이슬람 제국은 다인종 국가로서 농업과 상업과 같은 평화시의 경제에 바탕을 둔 국가였다. 제국의 경제규모는 우마이야 왕

독일 페르가몬박물
관에 복원 전시돼있
는 바빌론의 명물 이
시타르 성문. 콜데바
이가 현장에서 발굴
해 옮겨간 것으로 원
래의형태다.

조 시대에 비해 훨씬 대형화되었으나, 정복전쟁의 중지로 더 이
상 크게 확장되지 않았다.

　이슬람의 문화는 바그다드를 중심으로 크게 발전했다. 교역
의 발달과 함께 고대 오리엔트 · 헬레니즘 · 그리스도교 및 인
도 · 이란 문명을 계승하고 발전시켜 독자적인 이슬람문명을
꽃피웠다. 뿐만 아니라 그리스, 이집트, 인도 등지의 학자들을
모아 천문학, 기하학, 의학 서적들을 번역하도록 했으며, 갈렌

의 의학서, 톨레마이오스의 천문학, 아리스토텔레스의 저서, 유클리드 기하학의 서적들이 번역되었다. 이러한 번역을 통해 그리스 시대의 지식은 아랍 세계로 전수되었다. 의학서적의 번역과 출판사업이 활발해서 그리스, 이집트, 로마, 인도의 의학 지식은 물론 중국의 의학 지식까지도 포함한 방대한 의학 백과사전이 발간되기도 했다. 특히 코란 연구와 법학·철학·수학 등의 여러 학문을 발달시켰고, 아라베스크라고 불리는 장식무늬를 탄생시킨 것도 이 시대의 일이다. 아라베스크란 말은 아라비아풍(風)이라는 뜻으로 아라비아의 무늬를 말하는데, 이후 음악이나 발레 등 다른 분야로 확장되어 하나의 예술양식을 나타내는 말이 되었다. 이슬람 양식으로 불리는 둥근 지붕과 뾰족한 탑을 기본으로 한 건축물은 비잔틴 양식을 본뜬 것이었다. 사원 내부는 아라비아 문자, 화초, 기하학적 도형 등을 수놓은 아라베스크 무늬로 장식되었다. 그라나다의 알함브라 궁전과 예루살렘의 오마르 사원 등의 건축물이 이슬람 양식의 대표적인 예이다.

바그다드 북쪽에 1515년에 세워진 거대하고도 장려한 알 카디마인 모스크는 두 개의 돔과 네 개의 미나레트 상단이 황금으로 도금돼 눈부시다. 지하 묘소에는 무사 알 카딤과 무하마드 알 야드 등 9세기 때의 종교지도자 두 사람이 잠들어 있다. 이라크에는 황금 모스크가 이 외에도 세 개가 더 있다. 사마라의 아스카리 모스크, 제4대 정통 칼리프 알리가 묻혀 있는 나자프 모스크, 마호메트의 손자 후세인의 순교지인 카르발라 모스크가 그것이다.

또한 바그다드에는 메소포타미아 문명의 보고라 할 수 있는 이라크박물관이 있다. 선사시대, 수메르, 바빌로니아, 아시리아, 이슬람 이전 시대, 이슬람 시대 등 전시실과 문서, 비석, 상아 등 주제별 전시실이 마련된 이라크 최고의 박물관이다.

수메르 전시실에는 팔찌와 목걸이, 귀걸이 등의 장신구, 악기류, 무기류, 점토판 문서, 원통형 인장 등이, 바빌로니아 전시실에는 사르곤 대왕의 청동제 머리상과 원통형 인장, 이시타르 성문의 광택타일 조각 등이, 아시리아 실에는 거대한 라마스와 나부신상, 사실적인 벽부조 등이 전시되고 있다. 이슬람 유물 또한 대단하다. 질과 양에서 중동 최고, 최대의 박물관이다.

걸프전 이후로 언제 있을지도 모르는 공습에 대비하여 유물들을 안전한 곳으로 대피시켜 놓았다가 2002년 들어 재개관했다. 이번 전쟁에서 미군에 의해 함락된 바그다드는 무정부상태가 되었다. 그 와중에서 이라크박물관도 시민들에 의해 약탈을 당했다. 최대의 문화재 참사라는 이번 약탈로 인해 7천 년 역사의 메소포타미아 유물 30만점이 사라졌다.

바그다드는 '아라비안나이트'의 고향으로도 유명하다. 바그다드의 사둔 거리 로터리에는 『아라비안나이트』에 알리바바의 하녀로 나오는 무르야나의 모습을 새긴 조각분수가 세워져 있다.

무르야나는 어느 날 우연히 도적들이 주인 알리바바를 죽이려고 음모를 꾸미는 이야기를 듣게 됐다. 한밤 중 모두가 잠든 틈을 타 집 밖으로 나가 도적들이 숨어 있는 물통에 뜨거운 기름을 쏟아 부어 도적들을 죽임으로써 주인을 구한 충직한 여인

바그다드 사둔거리 로터리에 세워진 무르야나 분수. 무르야나는 '아라비안 나이트'에 나오는 알리바바의 하녀다.

이다.

조각분수는 물통에 뜨거운 기름을 붓고 있는 무르야나의 모습을 형상화시켜 놓은 것으로 그녀를 무척이나 아름답게 빚어 놓았다.

바그다드에는 이 외에도 많은 볼거리가 있다. 20세기 초까지만 해도 유럽대륙과 연결고리 역할을 해주었던 바그다드역, 크기는 작으나 초록색 돔이 무척 아름다운 이븐 부니예 모스크, 중심광장의 한편을 장식하고 있는 무명용사의 기념비, 이란과의 전쟁에서 산화한 젊은이들의 넋을 위로하기 위해 1983년 드넓은 녹지대에 조성한 알 사히드 기념비 등이 그것이다.

역사가들은 이슬람 공동체의 지도 세력이 우마이야 왕조에서 압바스 왕조로 바뀐 것에 대해 대단히 큰 의미를 부여한다.

프랑스혁명이나 러시아혁명에 버금가는, 이슬람 역사상 가장 중요한 혁명으로까지 평가한다. 이 변혁이 이전까지의 궁정 음모나 쿠데타와 다르기 때문이다. 압바스 왕조의 개막은 우마이야 왕조에 대해 불만을 품고 있는 세력을 오랜 기간동안 강력하게 조직하고 후원해 온 결과였다. 이 과정에서 이해관계가 다른 여러 세력이 기존 질서를 전복시키겠다는 공통된 목표 아래 연합한 것이다. 이때부터 제국은 아랍계이건 비아랍계이건 무슬림이면 누구에게나 똑같은 권한이 주어졌다. 압바스조는 국가통일의 원리가 이슬람에 있다는 것을 강조하고, 그때까지 민간 학자들 사이에서 정비되어 가고 있던 이슬람법에서 국가통치의 기초를 찾았다.

압바스조는 마호메트와 같은 종족인 쿠라이시족 출신 칼리프가 하나의 법 밑에서 단일국가로서 지배한다는 이상적 정치 형태를 실현했다. 세속적 성격이 강하며 아랍적이었던 우마이야의 이슬람은 압바스조에서 명실상부한 이슬람 제국으로 변모했다. 압바스조의 칼리프는 실질적인 권력의 바탕을 정규군에 두었고, 봉급 생활자인 관료기구를 통하여 권력을 행사한 전제군주였다. 따라서 그의 권위는 아랍 부족의 지지에 의지하던 우마이야 칼리프보다 훨씬 높았다.

7, 8대 칼리프인 마문과 무타심은 코란 창조설을 강요하면서 민심을 잃었다. 코란이 창조됐다는 이론은 정통 이슬람에게 수용될 수 없는 내용이었다. 이런 상황에서 집시들이 바스라 근처에서 폭동을 일으켰고 일대를 장악했다. 이들은 바스라로 가는 길목을 점령하고 선박에 세금을 물렸으며, 바그다드로 가는

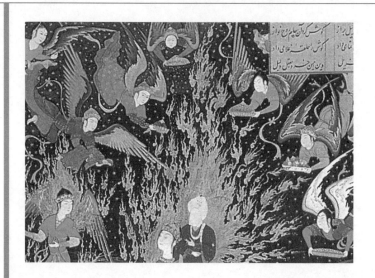

양곡도 빼앗았다. 결국 무타심은 군대를 파견하여 이들을 진압
했다. 우자이프 장군은 9개월 동안 전투를 지속하며 이 일대에
피를 뿌렸고, 결국 835년에 2만7천여 명의 집시들이 바그다드
로 붙잡혀왔다. 무타심은 이들을 소아시아 지방으로 추방했다.
이들은 비잔틴 제국이 소아시아를 점령하자 살길을 찾아 유럽
으로 흩어졌고 그곳의 도시 외곽에 거주하게 됐다. '집시' 라는
이름은 여기서 유래한다.

　무타심은 민심을 잃게 되자, 투르크 출신 장군들을 우대하며
아랍인을 학대했다. 우자이프 장군은 이에 대항해 반란을 일으
켰고, 무타심은 우자이프 장군을 죽여 반란을 진압했지만 소요
는 끊이지 않았다. 869년 무스타디가 칼리프에 즉위한 후, 잔
즈라 불리는 흑인 노예들이 자유를 얻기 위해 바스라에서 반란
을 일으켰다. 흑인 노예들은 여러 차례에 걸쳐 바스라와 남부

이라크를 장악했고, 심지어 수도인 바그다드까지 위협했다. 이들은 또 점령한 지역에서 공포정치를 실시했다. 주민들에게는 고통의 나날이었다. 흑인 노예들의 반란은 14년이나 지난 후에야 진압됐다. 이 와중에 사파르라는 인근의 소국도 바그다드를 침략했다.

소요가 어느 정도 진정되자 이번에는 이라크 땅에 기근이 들었다. 압바스 왕조는 흔들렸다. 이러자 페르시아에서 실력을 키우고 있던 부와이흐 가문의 막내 아흐마드가 군대를 이끌고 와 바그다드를 점령했다. 압바스 왕조의 칼리프는 유지되었지만, 사실상 부와이흐 왕조가 생긴 셈이 됐다. 부와이흐는 최고 사령관이자, 칼리프를 맘대로 즉위시키고 폐위시키는 실세가 됐다.

곧이어 셀주크 투르크의 투그릴 베크, 차그릴 베크 형제가 바그다드를 침공해 왔다. 그들은 인근 투르크계 족장의 후손들이다. 그들에 의해 부와이흐 왕조는 1055년에 바그다드에 대한 통치권을 빼앗겼다. 투그릴 베크는 압바스 왕조의 칼리프에게 권위와 명예만은 유지할 수 있도록 배려했다. 대신 칼리프는 투그릴 베크에게 술탄이라는 칭호를 공식적으로 인정해주었다. 정치적 권한은 술탄에게 넘어갔고 바그다드의 주인인 칼리프는 종교적 의미의 지도자로만 남게 되었다.

압바스 왕조와 우리나라는 역사상 특별한 인연이 있다. 세계 문명사에 기여한 유일한 한국인이라는 고선지 장군과 압바스 왕조와의 만남이다. 고선지는 패망한 고구려의 유민으로 당나라의 장수였다. 747년에 토번(티베트)과 동맹을 맺고 당(唐)을 견제하려는 압바스 왕조의 동진을 막기 위해 군사 1만으로 파미르고원을 넘어 정벌길에 올랐다. 중앙아시아의 72개 소국과 이슬람의 여러 나라를 정벌하여 용맹을 떨쳤다. 헝가리 출신의 영국 탐험가 스타인은 고선지의 전적지를 직접 답사하여, 고선지를 세계에서 가장 우수한 전략가로 평가하였다.

3년 후 제2차 원정을 나갔다. 이슬람과 동맹을 맺으려는 현재 우즈베키스칸의 수도인 타슈켄트 지역의 석국을 토벌하기 위한 것이었다. 이 원정에서 고선지는 석국의 왕을 잡아 당의 수도 장안으로 호송하였다. 그러나 장안의 문신들이 포로가 된 타슈켄트 국왕을 참살했기 때문에 이듬해 이슬람 제국이 연합군을 편성하여 탈라스 대평원으로 쳐들어왔다. 이를 막기 위해 고선지는 다시 7만의 정벌군을 편성하여 3차 원정에 나섰다.

이슬람 제국의 30만 군대와 당의 고선지 군대는 중앙아시아와 실크로드의 패권을 두고 탈라스평원에서 정면으로 맞붙었다. 세계전쟁사에 중앙아시아의 운명을 결정한 대전투로 기록되고 있는 탈라스전투가 바로 이것이다. 5일간의 전투, 그러나 고선지는 당과 동맹을 가장해 그의 예하 부대로 있던 카를루크(돌궐)가 배후에서 공격을 하여 오히려 패배하고 만다. 오늘날 중앙아시아와 중국의 서역이 이슬람권으로 굳어진 것이 바로 이 때 고선지의 패배로 인한 것이다. 고선지 이후 지금까지 중국은 중앙아시아 지역으로 한번도 진출해 보지 못했다.

탈라스 전투의 여파는 예상치 않은 곳에서 크게 일어났다. 이 때에 중국의 제지술이 최초로 서방으로 전해졌던 것이다. 고선지의 부하 중 제지술의 장인이 아랍 연합군에게 붙잡혔고, 실크로드의 도시 사마르칸드에 제지공장이 세워졌다. 사마르칸드에서 바그다드로 제지술이 전파되고 아랍은 이를 다시 유럽으로 전파한다. 독일과 영국까지 제지술이 전파된 것은 14세기이다. 제지술의 전파는 르네상스의 밑거름이 된다. 유럽이 중세 암흑기를 벗고 문예부흥기로 들어간 원동력 중 하나는 종이의 사용이었다. 파피루스와 양피지에 글을 쓰고 있던 서방은 종이 문명을 접하게 되면서 비약적인 발전을 하게된 것이다. 고선지의 패배는 아랍과 서양의 학문을 일으키고 오늘날의 서양의 종이 문명이 있게 한 밑거름이 된 문명사의 대전기였다.

몽골 제국의 훌레구가 1258년 2월 바그다드로 입성하면서 5백 년 압바스 왕조도 멸망했다. 압바스 왕조의 멸망은 이미 금이 간 이슬람 세계의 단일성이 완전히 깨지는 계기가 됐다. 이때 깨진 단일성은 끝내 회복되지 않았다. 결국 언제라도 불붙을 수 있는, 또 실제로 가끔 전쟁으로 불붙는 대립의 폭탄으로 지금까지 이슬람권에 남아있다.

십자군과의 전쟁

메소포타미아 지역에서 압바스 왕조가 부흥하였을 때, 북방에서는 훗날 이 지역의 주인이며 이슬람의 보호막이 될 투르크족이 힘을 기르고 있었다. 셀주크란 명칭은 투르크 족장의 이름이다. 셀주크 투르크는 투르크계 국가 가운데 현재의 터어키 공화국과 연결되는 국가이다. 셀주크는 11~14세기에 중앙아시아에서 지중해에 이르는 광대한 영토를 지배했다. 그러나 가족 구성원 각자가 지분을 나누어 가지는 유목민의 전통으로 인해 중앙 집권은 이루어지지 않았고 각 지역이 상당한 수준의 자치를 누렸다.

10세기 무렵부터 압바스 왕조는 궁정의 사치와 관료기구의 팽창, 그리고 군사비의 증가로 국가재정이 파탄에 이르렀다. 그 지배 아래 있던 페르시아인과 지방의 총독들은 차례로 독립을 선언하였다. 압바스 왕조의 통치력은 바그다드에 머물고 칼리프는 종교적 상징으로 겨우 명맥을 유지하고 있었다. 셀주크 투르크는 압바스 왕조의 분열로 시작된 동요에 힘입어 이슬람 세계의 새로운 지배자로 등장했다.

셀주크인들은 카스피해 근처 초원지역의 유목민으로, 10세기 경 이슬람교도가 되었다. 압바스 왕조에 의해 약 7만여 명의 셀주크 투르크인들이 바그다드에 노예로 팔려가 칼리프의 이슬람 사병이 되었다. 이 노예들이 이슬람의 수니파가 되었다. 당시 칼리프는 부와이흐 왕조가 바그다드를 함락한 후여서 허수아비로 전락해 있었다. 바그다드를 점령한 투그릴 베크는 칼리프 배후에서 실권을 장악해 세력을 확장하기 시작했다. 그는 시아파의 부와이흐 왕조 세력을 일소하여 압바스 왕조로부터 권력을 가진 자라는 '술탄' 칭호를 얻어 이슬람 제국의 지배권을 가지게 되었다. 칼리프는 시아파의 통제에서 벗어났으나 이번에는 셀주크의 보호 아래 놓이게 되었다. 셀주크 왕조는 칼리프의 상징성을 인정하여 압바스 왕조를 존속시키고 결혼을 통해 인척관계를 맺었다. 부족연합체적 성격을 띤 셀주크는 여러 왕족과 귀족들이 영토를 나누어 통치하여 분열의 가능성이 상

십자군의 콘스탄티
노플 공격 상상도.

존하였다.

　1071년 셀주크 투르크가 말라저트전투에서 비잔틴 군대에 승리했고, 거의 동시에 이집트의 이슬람 지도자로부터 예루살렘을 빼앗는 데도 성공했다. 예루살렘은 유대인·기독교인·이슬람인 공동의 성지였다. 유대인에게는 다윗의 우물이 있는 어머니 도시이며, 기독교도에겐 예수가 죽어 부활한 곳이고, 이슬람교도에겐 마호메트가 머무른 곳이기 때문이다. 당시 예루살렘을 지배하고 있던 이슬람인들은 기독교인의 성지순례를 방해하지 않았다. 그런데 셀주크 투르크가 이 지역을 장악하면서부터 기독교인의 성지순례는 금지되었다. 위협을 느낀 비잔틴 제국의 황제 알렉시우스 1세는 교황 우르반 2세에게 원조를 요청했다. 우르반 2세는 이것이 비잔틴 교회를 로마 교회에 복속시킬 절호의 기회라고 생각했다. 1095년 11월 우르반 2세는 클레르몽에서 회의를 개최하여 성지탈환을 위한 십자군 파병을 제창했다. 웅변술이 뛰어난 그는 성지 예루살렘을 잃은 기독교도들의 비참한 생활과 투르크족의 위협을 설명하고, 이슬람의 승리는 기독교 세계의 불명예라고 열변을 토했다. 이 전쟁은 성전(聖戰)이며, 전사자는 모두 천국에 가서 그 보상을 받을 것이라고 역설했다. 그뿐 아니라, 동방엔 금은보화가 깔려 있고 아리따운 이슬람 여인들이 기다리고 있다며 제후들의 욕심을 부채질했다. 셀주크의 예루살렘 정복과 성지순례의 금지는 비잔틴 제국과 로마 교황 그리고 유럽에 충격을 주었으며, 그 결과 2백 년간 계속된 십자군 원정이 시작되었다.

십자군 원정은 총 8차에 걸쳐 진행되었고, 1097년 제1차 원정에서 십자군은 예루살렘을 탈환했다. 유럽의 시각과는 달리 셀주크 투르크의 술탄은 십자군 원정을 지방 영주나 총독이 격퇴할 수 있는 대수롭지 않은 사건으로 여겼고, 실제로 이슬람 세계에서 볼 때는 변방에서 일어나는 부차적 사건이었다. 십자군 원정은 7세기 이슬람의 발흥 이래 일방적으로 정복당하고 수세에 몰렸던 유럽의 반격이었다. 그 후에 이슬람의 역습을 받았고, 1187년 수니파의 지도자 살라딘이 예루살렘을 재탈환하였다. 십자군이 성지 탈환이라는 본래의 목적을 달성한 것은 1차 원정 때 뿐이었다. 나머지는 어처구니없는 탈선행위로 일관했고 심지어 비잔틴 제국의 수도 콘스탄티노플을 공격하여 라틴 제국을 세운 일도 있었다. 십자군과 이슬람 사이의 전쟁은

십자군의 만행을 그
린 14세기의 작품.

약 2세기에 걸쳐 계속되었지만 결국 십자군 원정은 실패로 끝
이 났다. 이슬람교에 넘어간 예루살렘은 650년 후인 1947년에
이르러서야 이스라엘에 의하여 재탈환되었다.

셀주크 통치자들 사이에 싸움이 일어나기 시작했다. 형제가
형제를 죽였고, 사촌이 사촌을 죽였다. 융흥이 빨랐듯이 쇠퇴와
멸망도 빨랐다. 수니파에 반항하는 광신적인 암살교단의 공세
와 왕족 사이의 격렬한 정쟁, 그리고 역병의 유행 등으로 국력
이 크게 약화되었다. 팔레스타인 지배권을 회복했다는 점에서
궁극적으로 성공하긴 했지만, 반복되는 십자군과의 전쟁으로
셀주크 투르크는 많이 지치게 되었다. 극도의 피로에 지쳐 나약
해져 있는 동안 갑자기 몽골의 침입을 받자 셀주크 투르크는 붕

괴되었다. 1258년 바그다드가 침입자의 손에 떨어진 후 셀주크 제국도 함께 사라졌다.

셀주크 투르크의 문화는 페르시아의 영향을 많이 받았다. 대중적인 작품은 투르크어로 쓰여졌으나, 문학작품이나 학술서적 가운데에는 페르시아어나 아랍어로 쓰여진 것도 많았다. 페르시아, 비잔틴의 영향을 받은 건축은 투르크족의 취향에 맞게 독특한 양식을 발전시켰다.

셀주크 문화는 이란의 옛 전통을 살리면서 그것을 이슬람적으로 꽃피운 수니 문화라 할 수 있다. 니잠 알물크가 문화의 부흥에 노력한 결과 학술과 예술면에서 뛰어난 성취를 보였다. 특히 학문과 예술의 진흥을 위한 학교와 종교 단체, 도서관 등이 개설되었고, 이슬람 세계의 저명한 학자가 초청되었다. 또한 빈민구제시설 · 병원 · 대상(隊商)숙박소 등도 설치되었고, 공예면에서는 아름다운 견직물과 융단, 정교한 금속세공, 모자이크용 착색 타일이 있었으며, 도기류는 아름답고 기술적으로도 우수한 것들이 많다. 셀주크 투르크는 이란, 아라비아의 선진문화를 존중하고 장려하였으므로 이 시기는 서아시아 문화사에 있어 중요한 시기로 주목되고 있다.

6장

중세 이후의 바그다드

사파비의 침략

1508년 바그다드는 사파비 왕조의 창시자인 이스마일 1세에 의해 또 다시 점령당한다. 티무르가 바그다드를 점령하고 난 지백여 년만의 일이다. 당시의 기록에 의하면 훌레구와 티무르는 바그다드 도시 전체를 불사르고 그 곳의 시민 80만 명과 20만 명을 죽인 것으로 알려져 있다. 훌레구와 티무르, 몽골 유목민들에 의한 파괴 이후 바그다드는 티무르 제국의 지배에 놓이게된다. 그 후 티무르 제국의 쇠퇴와 함께 바그다드는 아제르바이잔을 중심으로 한 투르크멘계 왕조인 백양 왕조(白羊王朝)의지배 아래 있었다. 백양 왕조는 흰 양을 부족의 표지로 삼았기때문에 붙여진 이름이다.

사파비 왕조는 티무르 제국 붕괴 후 이란 지방에 이스마일 1세에 의해 건국되었다. 이스마일은 백양 왕조를 무너뜨리고 시아파 이슬람교를 국교로 하는 이란의 민족적 통일 국가를 건국한다. 사파비 왕조 시대에 국교로 제정된 시아파 이슬람교는 오늘날까지 이란의 국교로 이어져 내려오고 있다. 아랍식 이름인술탄의 칭호 대신, 이란 고유의 '샤' 라고 하는 존칭을 채용하는등 이란의 민족적 통일을 강조하였다. 이스마일 1세는 시아파의 성지 카르발라와 나자프를 확보하고, 수니파 이슬람의 성지인 바그다드를 점령한다. 메소포타미아 지역에 압바스 왕조가문을 닫은 후 처음으로 시아파 이슬람이 수니파 이슬람 지역을정복한 사건이다. 이는 후대에까지 이란·이라크 갈등의 원인이 된다. 이후 이스마일은 우즈베크족을 격파하였으나 소아시아에서의 시아파교도의 반란과 터키인의 시아파교도 학살로 오스만 투르크 제국과의 관계가 악화되었다. 아제르바이잔의 찰디란 싸움에서 오스만 투르크의 셀림 1세에게 패하여 수도인 타브리즈를 빼앗겼다.

사파비 왕조는 5대 왕인 아바스 1세 때 전성기를 맞아 당시의 수도인 이스파한은 세계의 절반이라고 불릴만큼 번영하였다. 16세기 말부터 바그다드는 수니파 제국인 오스만 투르크와 페르시아를 거점으로 한 시아파 이슬람 제국 사파비 왕조의 각축장으로 전락했다. 1623년 오스만 투르크 제국의 영향력이 약해지자 사파비 왕조의 샤 아바스 1세는 아제르바이잔, 코카서스와 이라크 지역을 정복하고 바그다드에 쳐들어와 점령해버렸다. 하지만 오스만 투르크는 곧바로 반격을 해 들어왔다. 다른 지역의 반란을 진압하며 국력을 정비한 오스만의 술탄 무라드 4세는, 1638년 바그다드를 다시 합병했다. 하지만 이 해에 체결된 카스르에쉬린조약에 따라 아제르바이잔과 코카서스 지역을 이란에 넘겨주기로 하는 최종적인 국경 조약을 체결하였다. 무라드 4세 때 체결한 조약에 의하여 오스만 투르크와 이란의 국경은 안정되었다. 그러나 사파비 왕조가 붕괴되자 이 지역은 근본적으로 뒤흔들렸다. 이란 지역이 거의 무정부 상태로 혼란에 빠진 것이다. 1722년 아프간족의 침입으로 사파비 왕조가 멸망하고 그 자리에는 아프샤르 왕조가 건설된다. 아프샤르의 왕 나디르 샤가 죽을 때까지 25년간 오스만 투르크의 술탄과 이란의 통치자 사이에 전쟁이 그치지 않았다.

이러한 상황 아래서 바그다드에는 강력한 행정부, 즉 총독이
필요했다. 오스만 제국의 지배에 있던 바그다드는 하산 파샤와
그 아들 아흐메드 파샤 총독의 실질적 지배하에 들어갔다. 당시
역학 관계 때문에 이들 총독은 오스만 투르크의 술탄으로부터
상대적으로 독립된 자치권을 갖게 됐다. 하산 파샤가 죽은 뒤
바그다드 총독에 오른 아흐메드 파샤는 그루지아 출신의 맘룩
을 양성하여 전투병과 행정 관료로 기용하였다. 결국 이들 맘룩
지도자 중에 한 사람이 권력을 장악하자, 오스만 술탄도 이를
묵인하지 않을 수 없게 되었다. 오스만 투르크와의 잦은 충돌이
있었지만, 이때 확립된 맘룩 총독 제도는 1831년까지 계속되었
다.

바그다드의 맘룩 출신 파샤들은 무하마드 알리가 이집트에
서 쟁취한 형태의 자치권을 이미 오래전부터 향유하고 있었다.
맘룩 정권이 안정되었기 때문에 술탄 마흐무드 2세의 중앙 집권을 위한 개혁에는 장애물이 되었다.

또 하나의 문제는 세계의 근위병이던 예니체르 부대의 부패에 있었다. 예니체르는 10살 소년을 모집하여 터키식으로 교육을 하고, 이슬람으로 개종하고, 술탄의 부하로 등록된 부대였다. 19세기까지 존경을 받던 부대가 부패하면서 세림 3세를 퇴위시키고 살해했으며, 임의로 선정한 술탄을 자리에 앉히기도 했다. 오스만의 술탄 입장에서 이들은 항상 위협적인 존재였다. 개혁적인 마흐무드 2세는 생명과 왕좌, 왕조의 위험을 느끼고 충성스러운 유럽형 신식 군대를 준비했다. 바그다드에 주둔하고 있었던 예니체리 여단이 술탄의 칙령으로 해산되자 맘룩의 세력이 다시 생기를 찾게 되었다. 그러나 1831년 바그다드는 페스트가 창궐해 혼란의 상태에 빠지게 된다. 그 때 마흐무드 2세가 군대를 보내어 무정부 상태인 바그다드 시를 점령하여 맘룩 출신의 총독을 제거하였다. 바그다드는 다시 오스만 투르크 제국에 통합되었다.

이슬람 공동체 오스만 제국

바그다드 침략사의 대부분은 유목민들에 의한 약탈 전쟁이었다. 이런 역사는 수메르와 아시리아가 자리하던 고대문명 시대부터 계속된다. 중세에는 몽골 유목민인 훌레구와 티무르가 정복과 파괴를 자행했고, 근대에 들어서는 중앙아시아의 유목민족인 투르크의 지배를 받는다. 그리고 이런 역사는 21세기까지 계속된다. 미국의 이라크전쟁도 유목민의 약탈 전쟁과 크게 다르지 않다. 차이가 있다면 과거의 침략이 풍부한 농작물 때문이었다면 현재의 것은 석유라는 자원에서 시작되었다는 차이 정도이다.

이란의 시아파 왕조들이 물러간 바그다드는 오스만 투르크의 침략으로 다시 피정복지가 된다. 16세기부터 시작된 식민지 생활은 오스만 투르크가 제1차 세계대전에 패전국으로 무너지는 20세기 초까지 계속된다. 오스만 투르크에 대해 살펴보기 위해 다시 앞선 시대로 가보자.

오스만 제국의 기원은 안개에 싸여 있다. 일반적으로는 몽골이 침입했을 때 쫓겨난 터키 부족의 일파가 소아시아반도에 들어온 것으로 알려져 있다. 원래 중앙아시아에서 유목생활을 하던 투르크족은 방목을 위해 점차 서쪽으로 진출했다. 이들은 유목생활 덕택에 활쏘기와 말달리기에 능숙했다. 투르크족은 기동성이 있는 군대와 같은 부족이었고 셀주크 왕조를 세우면서 한때 세력을 크게 확장했다. 하지만 몽골의 훌레구에게 패배한 이후 여러 공국으로 나뉘며 약화돼 소아시아 지역에서 겨우 명맥을 유지하는 정도였다. 그런 가운데 투르크 일파의 족장인 오스만은 1288년 다시 비잔틴 제국의 영토를 잠식하겠다고 나서며 오스만 투르크 왕조를 세웠다. 당시 오스만은 셀주크 투르크가 망한 자리에 나타난 수많은 터키의 영주 가운데 가장 미약한 존재였다. 그러나 불과 백년 만에 아시아와 유럽에 걸친 대제국으로 성장하였다.

오스만의 후계자 오르한은 부르사를 점령하여 수도로 삼았다. 이 때부터 오스만조는 실질적인 국가의 형태를 갖추게 되었고, 행정 체계도 비잔틴 제국의 것을 기초로 하여 발전시켰다. 군사적으로도 기독교 용병을 받아들여 터키계 부족군에 대한 의존도를 줄였다.

일칸국의 말기인 1355년 이후, 중근동은 혼란상태에 빠져들어갔다. 이러한 정치적인 진공상태를 메워주고, 이슬람 문명을 파멸의 위기에서 구해 준 세력이 바로 오스만 투르크였다. 오스만조가 성공을 거두게 된 가장 큰 이유는 그 근거지가 지리적으로 반도의 서북쪽에 비잔틴 제국과 접하고 있었기 때문에 반 호수 근처의 만지케르트 전쟁 이후 위축상태에 들어가 허약해진 비잔틴 제국을 쉽게 잠식할 수 있었기 때문이었다. 1366년까지 계속된 전쟁과 제국 정비로 오스만조는 아나톨리아반도에서 비잔틴 세력을 일소하고, 발칸반도에서도 비잔틴 제국 제2의 도시인 에디르네를 정복하여 수도로 삼았다. 비잔틴 정벌은 무라드 1세 재위 중에 달성되었는데, 이 때부터 비잔틴 제국은 수도 콘스탄티노플 주변에 국한된 도시국가로 전락하여 풍전등화와 같은 운명이 되었다. 오스만 투르크의 바예지트 1세는 힘없이 무너지고 있는 비잔틴 제국을 상대로 지하드를 맹세하고 콘스탄티노플을 중심으로 하여 발칸 지역과 그리스로 출정하였다. 1389년 세르비아를 무찔렀으며, 1396년 헝가리의 십자군을 패배시켰다

그러나 바예지트 1세의 동진은 티무르를 자극시켰다. 중앙아시아와 이란, 아프가니스탄, 메소포타미아 지역을 차지하여 제국을 세운 티무르가 아나톨리아 지방으로 진격하였다. 바예

지트 1세와 티무르와의 결전은 1402년 7월 28일 앙카라평원에서 이루어졌다. 투르크계 부족들은 바예지트를 버리고 티무르 편으로 합류했다. 바예지트는 기독교도 부대만을 이끌고 전투에 임할 수밖에 없었다. 이 전투에서 오스만군은 참패하고 바예지트 1세는 포로가 되었다가 곧 사망하였다. 티무르는 바예지트 1세에 멸망당한 군소 왕국을 부활시키고 사마르칸드로 돌아갔다.

바예지트 1세의 전쟁 실패로 콘스탄티노플의 정복은 반세기나 늦어져, 1453년에 이르러서야 메흐메드 2세의 영도 아래 달성되었다. 메흐메드 2세는 이슬람 세계에서 가장 명성 높은 통치자였다. 그는 이교도와의 전쟁에 있어서 최고 지도자로 인정되어 스페인, 중앙아시아 및 인도 등지에서 그의 총애와 지원을 얻기 위해 많은 인사가 모여 들었다. 그는 아시아와 유럽, 아프리카에 이르는 대제국을 건설하였고, 무슬림에게는 성전의 전사, 터키족에게는 칸, 기독교도에게는 황제가 되어 전세계를 통치하겠다는 야망을 가졌다. 메흐메드는 자신의 야망을 이루기 위한 전(前)단계로 콘스탄티노플을 이스탄불이라 개명하였으며, 그의 이름도 술탄 파티(정복자) 메흐메드로 하였다.

이집트와 시리아까지 차지하면서 오스만 투르크는 이 지역의 패권을 장악했다. 이 때부터 오스만 투르크의 술탄인 셀림 1세는 칼리프의 권력과 명예까지 넘겨받았다. 술탄 칼리프는 종교적 수장이자 세속적인 통치자였다.

셀림 1세를 뒤이은 술탄 슐레이만 2세의 말발굽은 마침내 1534년 이라크 지역을 짓밟았다. 슐레이만은 한때 셀주크 투르

유럽인과 싸우는 아랍인.

크의 수도였던 소아시아 지방 콘야에 근거를 두고 바그다드를 침공해 들어갔다. 바그다드는 속수무책이었다. 당시 오스만조는 시리아와 이집트 맘룩을 포함해 아라비아의 거의 대부분을 정벌하고 있었다. 특히 최고의 전성기를 이끈 슐레이만의 군대는 무적이었다. 바그다드를 점령한 오스만군은 아프리카의 튀니지로 향했다. 슐레이만 2세는 프랑스의 프랑크 1세와 싸워 그를 포로로 잡은 후 바그다드에서 강제 동맹을 맺기도 했다. 그에 따라 프랑스는 오스만 투르크의 영토 안에서 무역과 해상권을 갖고 그 대가로 관세 5퍼센트를 오스만 투르크에 내야 했다.

중근동의 아랍인 거주 지역은 거의 16세기 전반기에 오스만 제국의 지배 아래 들어가 수니파 이슬람 공동체를 이루었고, 통일 제국은 4세기 가량 지속되었다. 이 공동체에서 아랍어 사용 인종은 피지배자라기 보다는 오히려 동료로서의 역할을 담당하였다. 관료 조직체에 버금가는 종교 조직체의 우두머리 세이홀 이슬람은 대체로 아랍인이었다. 또한 오스만가는 통혼으로 피가 많이 섞여 있었고, 스스로도 오스만 투르크라고 부르지 않았다. 이 명칭은 유럽 학자들이 붙인 것이다.

슐레이만 2세는 노예였던 록셀레나를 사랑했다고 한다. 신분을 뛰어넘는 결혼을 하면서 그는 사랑의 선물로 그녀에게 노예의 신분에서 벗어나게 하는 자유를 선물해 주었는데, 이 일화는 아직까지도 인간이 줄 수 있는 최고의 선물이며 아름다운 로맨스로 기억된다. 슐레이만은 헝가리 전승 후 당대의 명 건축가 시난에게 명하여 골드혼에 슐레이마니에 모스크를 지었는데, 이는 오스크만 시대의 걸작으로 손꼽힌다. 골든혼(Golden Horn)은 바다의 입구이며 자연항구로 뿔처럼 생긴데다 세계 각지의 부(富)가 모여든다고 하여 골든혼[金角灣]이라 일컬어졌다. 근처에 슐레이만 황제와 부인 록살레나의 묘, 시난의 묘가 있다.

오스만 투르크는 슐레이만이 집권할 때에 최고 전성기에 달하였다. 영토는 아시아 · 아프리카 · 유럽 3대륙에 걸쳤으며, 16세기 초반 그 군대는 오스트리아 빈까지 육박하였다. 국내에서

는 군사적 봉건제에 입각한 국가체제를 확립하고, 법률·학예·건축·공예 등 각 분야에 걸쳐 눈부신 발전을 이룩한 시기로 기록된다.

이러한 대정복이 성공할 수 있었던 원동력은 오스만조의 지배층이 스스로 엄격한 규율과 절제 속에 살았다는 점과, 다른 한편으로는 이슬람은 모두 단결해서 하나의 움마(이슬람 공동체)를 건설해야 한다는 욕구에 있었다. 이슬람은 바그다드의 압바스조 중기 이후에 분열되어 왔으며, 또 몽골족 훌레구의 침입 이후에는 이슬람 단결의 상징인 칼리프조차 없어졌다. 카이로에 허수아비 칼리프가 존재했다고는 하나, 맘룩 이집트의 영토 밖에서는 그 존재가 인정되지 않았다. 따라서 혜성과 같이 나타난 오스만조는 이러한 상황에 불만을 느끼던 이슬람의 욕구를 채워주었다. 게다가 발칸반도의 기독교 지역에서는 기독교 정교회가 농민들을 너무나도 심하게 수탈하였으므로, 농민들 스스로가 오스만 정복자에게 구원을 청할 정도였다.

화려했던 오스만 투르크도 17세기 이후로는 점점 쇠퇴하기 시작하였다. 그 무렵 각 지방에서는 반란과 독립이 빈번했다. 가장 대표적인 것은 드루즈파의 수장 파르훗 딘이었다. 그는 1590~1635년 사이에 레바논 지역을 휩쓸며 다른 수장을 제압하고 그 세력을 팽창하였다. 한때는 오스만 제국의 비옥한 초생달 지역에 대한 통치도 위협하였다. 파흐룻 딘은 유럽 열강과 독자적인 무역 관계를 수립하고 다른 종파에게 관용을 베푸는 등 근대 중동의 통치자들에게 선구자적 모습을 보였다. 그러나 파흐룻 딘의 반란은 술탄 무라드 4세의 노력으로 진화되고 바그다드도 다시 회복되었다. 그의 뒤를 이어 재상 메흐메드와 그의 아들 아흐메드의 끈질긴 노력에 의하여 무정부 상태도 막을 내렸다. 그러나 반란 지역에서 중앙 정부의 권위가 완전히 확립된 것은 아니었다.

18세기에 들어와서도 오스만 제국의 쇠퇴는 계속되었다. 그와 함께 이집트와 바그다드를 중심으로 한 비옥한 초생달 지역의 대도시에서는 권력을 장악하기 위해서 주의 총독, 주둔군 사령관 및 세금 징수인 사이에 세력 다툼이 일어났다. 이들은 주로 자신의 사병을 동원하였는데, 이 가운데서 가장 지속적인 지방 권력자는 바그다드 총독인 하산 파샤이었다. 하산과 그의 아들인 아흐메드 파샤는 바그다드 점령하고 오스만의 술탄으로부터 자치권을 얻어냈다. 그리하여 바그다드는 자치 시대를 맞이하게 된다.

오스만 제국의 쇠퇴는 유럽 국가의 번성과 거의 때를 같이 하였다. 17세기 이후 오스만 제국은 유럽 국가의 연합공격에 시달렸다. 정치적 차이로 인해 유럽열강은 서로 경쟁하고 견제하였기 때문에 오스만 제국이 연명하는 데에는 오히려 도움이 되었다. 그러나 세계대전의 발발은 흔들리는 제국을 붕괴시키는 촉진제 역할을 했다.

이라크전쟁의 서곡, 영국의 지배

광활한 제국을 경영하던 오스만 투르크 제국은 속수무책으로 무너지고 있었다. 19세기에는 유럽 열강들에게 영토를 잠식 당했고, 제국의 주변부에서는 독립 전쟁이 끊이지 않았다. 남하하는 러시아와 동방을 향하는 영국과 프랑스는 오스만의 가장 큰 적이었다. 20세기 초, 제1차 세계대전까지 쇠퇴를 계속하던 오스만은 결국 그 운명을 다하고 만다.

오스만 투르크의 약화와 재정 적자는 유럽 열강의 내정간섭으로 이어졌다. 당시 발칸반도에서는 오스트리아가 영역을 계속 확장하고 있었다. 1908년 10월, 오스트리아는 보스니아와 헤르체고비나를 병합하며 발칸반도를 잠식해 들어갔다. 이는 제1차 세계대전의 직접 원인이 되는 사건이었다. 오스만 제국의 자치령이던 불가리아도 독립을 선포하였다. 제국 내에서도 엔베르 파샤가 이끄는 청년 투르크 당이 마케도니아의 살로니카에서 헌법 부활을 요구하며 폭동을 일으켰다. 이듬해 엔베르 파샤가 정권을 장악했다. 이로서 오스만 투르크라는 이름의 거대 제국은 사실상 멸망했다.

1911년 7월, 제2차 모로코사건이 일어났다. 프랑스가 아프리카를 점령할 계획으로 모로코를 침입한 것이다. 이에 독일이 군함을 파견함으로써 대립이 증폭되었으나 영국이 프랑스를 옹호함으로서 더 이상의 충돌은 일어나지 않았다. 이 사건 또한 제1차 세계대전의 원인으로 작용을 하는데, 오스만에게도 그 불씨가 떨어졌다. 영국과 프랑스, 독일이 모로코에 한눈을 파는 사이 이탈리아가 지금의 리비아 수도인 트리폴리를 노리고 오스만 투르크에 대해 선전포고를 하였다.

이탈리아 · 투르크 전쟁이 한창이던 1912년 3월에서 8월에 걸쳐 불가리아, 세르비아, 그리스, 몬테네그로 등 4개국 사이에 개별적으로 방어 동맹, 즉 발칸동맹이 맺어졌다. 동맹을 맺은 4개국은 투르크가 이탈리아에 고전하는 틈을 타서 1912년 10월 오스만 투르크에 선전포고를 하였다. 오스만 투르크는 서둘러 이탈리아와 강화조약을 맺고 이탈리아의 트리폴리 지배를 인정하였다. 오스만 투르크와 발칸 동맹국 사이의 1차 발칸전쟁은 영국의 중재로 1913년 5월 런던조약이 체결되면서 종결되었다. 오스만 투르크는 조약에 따라 발칸 영토를 할양해야 했다.

발칸전쟁의 패배로 격앙된 오스만 투르크는 설욕의 기회를 노리고 있었다. 그로부터 얼마 후 제1차 세계대전이 발발했다. 엔베르 파샤는 독일의 승리를 확신하고 독일과 동맹을 맺어 세계대전에 참전하였다. 연합군에 속한 러시아로부터 발칸반도의 땅을 되찾기 위해서였다. 이라크는 오스만 투르크의 영토 중

에서 유일한 석유 생산지였던 덕분에, 전례 없는 대격전지로 변했다. 투르크군은 케말 파샤의 지휘로 1915년 4월 갈리폴리 반도에 상륙하려는 영국·프랑스 연합군을 격퇴하였다. 연합군은 작전을 포기하고 철수했는데, 육군 11만과 군함 수십 척을 잃었다. 전쟁이 오스만 투르크에 유리하게 전개되자 불가리아는 1915년 가을 독일과 투르크 측에 가담하였다. 오스만 투르크는 러시아와는 아르메니아를 두고 대치하였고 팔레스타인 지역과 메소포타미아에서는 영국군과 치열한 공방전을 벌였다.

제1차 세계대전은 아랍 민족주의에도 커다란 변화를 가져왔다. 오스만 제국은 발칸반도에서 잃은 영토의 회복을 꿈꾸고 추축국에 가담했으므로 연합국은 두 가지 당면 문제에 부딪치게 되었다. 무슬림이 누리는 술탄의 권위와 영향력에 대한 것과 오스만제국의 영토 분할 여부였다. 이집트와 수단을 통치하고 있었던 영국은 오스만 제국의 술탄 칼리프가 제창한 성전의 반향이 두렵다는 사실을 잘 인식하고, 이의 효력을 감소시키려고 예언자 마호메트의 후손이며, 성지 메카와 메디나의 실질적인 지도자인 샬리프 후세인 이븐 알리와 협상에 들어갔다. 후세인은 당시 히자즈 지역에 대한 그의 통치권을 확립하여 자기 가문의 영달을 추구하고 있었다. 그는 아들인 파이잘을 동원하여 시리아의 아랍 민족주의자들과 접촉함으로써 스스로 이제 싹트기 시작한 아랍 민족의 대변자로 자처하였다. 영국의 이집트 고등판무관 맥마흔은 영국이 아랍인의 독립을 지지한다는 의도를 후세인에게 전달하였다. 영국은 비옥한 초생달 지역의 지중해 연안에 욕심을 내고 있는 프랑스와 손잡고, 1916년에 양국 외무부간에 사이크스-피코협정을 공표하여 중동의 분할 방안을 논의하고, 겉으로는 아랍민족의 독립을 약속하게 된 것이다.

한편, 독일의 젊고 야심찬 황제 빌헬름 2세는 노련한 현실 정치가 비스마르크를 실각시킨 뒤 적극적인 세계정책을 추진하고 군비를 확장하였다. 그의 제국주의적인 세계 정책의 대표적인 예의 하나가 중동 지역으로의 진출이었는데, 그는 투르크 경영에 큰 관심을 갖고 예루살렘을 직접 방문하였다. 이를 기화로 독일은 투르크로부터 아나톨리아 철도와 만나는 바그다드 철도의 부설권을 얻었다. 아나톨리아 철도는 독일 은행의 출자로 콘스탄티노플의 반대쪽 해안인 하이다르 파샤로부터 앙카라에 이르는 구간에 부설됐다. 바그다드 철도의 이권도 아나톨리아 철도의 사장 게오르크 폰 지멘스에게 돌아갔다. 계획에 따르면 바그다드 철도는 아나톨리아 철도의 에스키셰히르로부터 소아시아를 가로질러 모술에 이르는 한편, 남쪽으로는 바그다드로부터 걸프만에 이르는 것이다. 이 계획이 실현되면 독일은 소아시아에 대략 3천킬로미터에 이르는 철도를 소유하게 되며 이른바 3B정책, 곧 베를린·비잔티움·바그다드를 연결함으로써 세계정책을 유리하게 전개할 가능성이 열리는 것이었다. 독일의 3B 정책은 카이로·케이프타운·캘커타를 잇는 영국의 3C 정책과 정면으로 충돌하는 것이었을 뿐 아니라 러시아의 투르크 및 지중해로의 진출 정책과도 대립하는 것이었다. 이 계획은 제1차 세계대전이 일어나면서 미완성으로 끝났다.

터키가 독일과 동맹을 결성한 뒤 영국군이 바그다드를 침공해 왔다. 이들은 지금 미·영 동맹군과 똑같은 방식으로 바그다드를 향해 남쪽 걸프만으로부터 진격해 들어왔다. 1914년 11월 당시 영국군 사령관 찰스 타운센드는 이라크 남부 도시 바스라를 손쉽게 점령한 뒤 티그리스·유프라테스강을 거슬러 북진을 계속했다.

바그다드를 목전에 두고 찰스 타운센드의 영국군은 독일군 사령관 골츠와 맞부딪친다. 독일의 육군 원수 골츠는 투르크로 파견되어 투르크군을 근대적인 군대로 만들었던 인물이었다. 덕분에 1897년 발발한 그리스·투르크 전쟁에서 투르크군은 유럽 열강이 이 분쟁을 끝내려고 개입하기 전까지는 그리스를 이길 수 있었다. 그는 제1차 세계대전이 시작된 첫 달인 1914년 8월, 독일이 점령한 벨기에의 총독으로 임명되었고, 그 해 11월에는 투르크의 술탄 메메드 5세의 부관이 되었다. 투르크군을 재조직한 골츠는 메소포타미아 지역에서 투르크군의 총사령관으로 바그다드 사수를 위해 일하고 있었다.

1915년 11월 22일 타운센드가 이끄는 영국·인도 연합군 1만 명은 바그다드 남쪽의 크테시폰에서 골츠의 투르크 부대와 만난다. 보급선이 차단된 이 전투에서 영국군은 병력의 40퍼센트를 잃는다. 타운센드는 진격을 멈추었다. 12월 8일 타운센드와 골츠의 군대는 바그다드를 24킬로미터 앞둔 쿠트에서 다시 공방전을 벌였다. 다음 해까지 이어진 쿠트 전투에서 골츠는 타운센드가 이끄는 부대를 포위 공격했다. 타운센드는 143일간이나 버텼다. 그러나 네 차례에 걸친 대규모 영국 지원군마저 골츠에게 격퇴당하자 타운센드는 결국 항복했다. 피해 규모만 해도 자신의 부대원과 지원 부대를 합쳐 2만3천 명에 달했다. 이라크를 구하고 바그다드에 입성한 골츠는 갑작스럽게 사망한다. 공식 보고서에는 장티푸스로 죽었다고 되어 있으나 투르크의 혁명파 청년당원에 의해 독살당했다고도 전해진다.

골츠의 사망 시기와 비슷하게 전황은 연합군측의 우세로 급격히 돌아섰다. 1917년 3월 타운센드가 이끌었던 병력의 4배나 되는 영국군이 다시 진격해 들어왔다. 스탠리 모드가 지휘하는 영국군의 병력은 4만 명에 달했다. 골츠가 없는 터키와 독일 연합군은 패배했고 영국군은 손쉽게 바그다드에 입성했다. 영국군은 분열된 이라크 부족을 통제하기 위해 공중 기총소사를 가할 만큼 가혹하게 통치했다. 영국은 종전 후에도 진격을 이어가 이라크 북부 지역인 모술까지 점령했다.

바그다드에 대한 영국과 프랑스의 이해 관계에는 근본적인

차이점이 있다. 프랑스는 지중해의 동쪽과 남쪽 연안에 대한 영
향력 행사에 목적이 있었다. 즉 십자군전쟁 당시의 전통적 목적
에만 국한되었다. 그러나 영국에게 이 지역은 인도라는 거대한
식민지와 걸프만에 이르는 교두보로서, 무역과 군사적인 요충
지였다. 영국은 이 목적을 끈질기게 추구하였고 상당한 성공을
거두었다.

　전쟁 후의 정리 과정에서 이라크는 영국의 신탁통치령이 됐
다. 파이잘이 영국에 의해 이라크 왕으로 지명되고 즉위했다.
모술 지역은 터키의 반대에도 불구하고 국제 연맹에 의해 이라
크에 합병됐다. 오늘날에도 이 지역은 분쟁의 한 원인으로 작용
하고 있다. 영국과 이라크는 새로운 협정을 체결, 양국의 동맹
관계를 25년 간 보장하고 영국이 공군 기지 두 곳을 이라크에
둘 수 있게 됐다. 1932년 이라크가 국제연맹에 가입하게 되면

서 영국의 공식적인 신탁통치는 끝이 난다. 이라크가 주권국가로서 세계 무대에 등장하는 순간이다.

이 즈음 키르쿠크에서 석유가 발견되었다. 영국의 자본으로 세운 이라크석유회사가 이 석유를 수출하게 되면서 이라크의 재정은 제2차 세계대전이 끝날 때까지 비교적 양호한 상태를 유지했다.

파이잘 1세는 정치적 역량이 우수해 이라크 국민들을 잘 이끌었지만 그의 아들 가지왕은 이에 못미쳐 이라크는 정치적 불안을 겪어야 했다. 이 와중에 가지왕이 자동차 사고로 사망하면서 네 살밖에 안 된 파이잘 2세가 새 왕이 됐고, 왕의 외삼촌이 섭정을 맡았다. 정치적 혼란기가 지속되었고 그 속에서 군부의 영향력은 강화되어 갔다. 시드키 장군에 의해 아랍 역사상 첫 번째 쿠데타가 이라크 왕국에서 일어났다. 이어 압둘 카림 카셈 장군이 일으킨 쿠데타로 이라크 왕정은 무너지고 이라크공화국이 성립했다. 그러나 5년 후 카셈 정권은 알리프가 이끄는 바트당의 쿠데타로 다시 무너진다. 바트당은 아랍어로 부흥을 뜻하는 사회주의 정당이다. 사담 후세인이 속한 당이기도 하다. 그러나 알리프의 쿠데타 역시 아미드 하산 알 바크르와 사담 후세인의 쿠데타로 그 운명을 다하고 만다. 결국 바트당의 지배권은 바크르에게 돌아가고 2인자였던 후세인은 1979년에야 공식적인 이라크의 최고지도자가 된다.

후세인 시대

근현대에도 바그다드는 전쟁과 쿠데타의 무대였다. 이라크는 제2차 세계대전 중에도 친독일정책을 고수해 1941년 영국에 재점령되었다. 대전이 끝나면서부터는 군부들의 정치 소요가 계속되었다. 그런 과정 중에 중동의 화약고인 이스라엘이 1948년 팔레스타인 지방에서 국가를 세웠다. 제1차 아랍·이스라엘 전쟁이 일어나면서 이라크에도 정변의 단초가 생겼다. 당시의 반유대 감정 때문에 이라크 국민들은 반영·반서방의 자세를 보였지만, 이라크 정부가 이에 미온적으로 대응하며 친서방의 경향을 보였기 때문이다. 특히 친서방적인 바그다드조약에 이라크가 가맹하자, 국민들의 정권에 대한 반감은 극도로 악화됐다.

이듬해 제2차 아랍·이스라엘 전쟁이 발발해 영국·프랑스·이스라엘 3국이 이집트를 공격하자, 이라크에서는 반서방·반정부 폭동이 도처에서 발생했다. 무정부 상태로까지 내닫던 이라크는 압둘 카림 카셈 장군이 이끄는 청년 장교들이 군사 쿠데타로 사태를 수습한다. 카셈은 곧바로 이라크공화국을 수립한다. 당시 성인이 돼 국권을 장악하고 있던 파이잘 2세와 수상 누리 알 사이드는 쿠데타 와중에서 피살됐다. 왕정이 무너지고 공화정이 수립됐다고 해서 이를 이라크혁명으로 부르기도 한다.

카셈은 바그다드에서 출생해 이라크 육군사관학교를 졸업한 정통 군인이었다. 친독일주의자로 반영쿠데타에 가담했고, 아랍·이스라엘 전쟁 이후 아랍민족주의에 눈을 뜨면서 적극적인 활동을 시작하여 육군 내에 비밀결사 자유장교단을 결성하였다. 카셈은 왕정을 종식시키고 공화국을 선언하여 스스로 총리 겸 국방장관이 되었다. 그는 국민 여론에 따라 바그다드 조약에서 탈퇴, 적극적인 중립정책을 내세웠다. 그러나 정치적 비전과 정책의 일관성 결여로 국민의 지지를 얻지 못하던 중 군부 내의 반대파에 의한 쿠데타로 1963년 2월 살해당했다.

새로운 세력도 민족주의 세력과 바트당의 세력으로 나뉘었다. 전자는 나세르의 이집트에 가까웠고, 후자는 같은 바트당이 정권을 장악하고 있던 시리아와 우호적이었다. 양 세력은 대립각을 세웠고, 결국 이 대결에서 이긴 바트당이 쿠데타로 정권을 장악했다. 쿠데타의 주역은 바르크 장군이었다. 사담 후세인은 바트당에 입당했으며, 바르크 장군의 충실한 2인자를 자처했으나 바르크 장군을 내쫓고 이라크 정상의 권좌에 올랐다.

이라크의 통치자 사담 후세인이 공식적으로 대통령에 취임한 시기는 1979년이지만 이미 그 전부터 실권을 장악하고 있었다. 후세인이 가장 존경하면서 자신과 동일시하는 인물은 이슬람의 영웅 살라딘과 바빌론 제국의 네부카드네자르 대왕이다. 십자군으로부터 예루살렘을 구하고 이슬람을 지켜낸 살라딘을 통해 후세인은 종교적 지도자의 이미지를 추구한다. 살라딘과 그가 고향이 같다는 것도 상징화의 일환이 된다. 또한 그는 집권 이후부터 바빌로니아의 영광을 재건하려는 포부를 갖고 있었다. 바빌론 유적의 재건을 위해 수백 만 장의 벽돌을 구웠는

데 벽돌마다 "네부카드네자르의 바빌론이 사담 후세인의 시대에 재현되다"라는 문구가 새겼다. 후세인은 "나는 국민에게 과거의 영광을 돌려주기 위해 바빌론을 다시 건설하고 네부카드네자르 대왕이 건립했던 궁전의 벽돌을 다시 쌓았다"고 자부한다. 그러나 바빌론 시대는 다신교 사회였고, 이는 이슬람의 일신교 사상과 근본적으로 배치되는 것이다. 후세인은 살라딘을 통해 이슬람의 지도자라는 이미지를 얻고 이에 덧붙여 네부카드네자르를 통해 정치적으로 아랍의 지도자라는 부분을 강조하고 있는 것이다.

집권 이듬해 사담 후세인은 이란의 호메이니와 전쟁에 돌입한다. 이 전쟁은 8년 동안이나 승자와 패자를 가리지 못하는 천억 달러 짜리 소모전이었다. 이라크가 이란에 대해 선제공격을 가하면서 전쟁이 시작되었다. 직접적 원인은 양국간에 체결된

사담 후세인은 바빌로니아 제국의 느브갓네살 대왕을 닮고자 한다. 후세인과 느브갓네살 대왕을 함께 그린 대형 그림판이 바빌론 유적지 앞에 세워져 있다.

6장 중세 이후의 바그다드

알제국경협정을 이란측이 파기한 것이다. 1975년 알제리에서 열린 석유수출국기구(OPEC) 정상회담 때 이란의 팔레비왕과 이라크의 혁명위원회 부위원장 사담 후세인은 걸프만으로 흘러 들어가는 샤트 알 아랍 수로의 지배권과 호르무즈해협에 위치하는 3개 도서의 지배권을 이라크가 갖는다고 협정을 체결했다. 하지만 호메이니의 혁명 이후, 이란은 압도적인 군사력을 배경으로 이라크에 압력을 가하기 시작했다. 샤트 알 아랍 수로의 중간선을 국경으로 하고, 3개 섬도 사실상 장악하겠다고 나선 것이다. 양국간에 국경분쟁이 빈발했다. 이런 상황에서 이란이 혁명의 후유증으로 내부적 불안을 겪자, 이라크가 선제공격을 나서면서 전쟁이 불붙은 것이다. 이 전쟁은 1988년 8월 UN 결의안에 따라 정전됐다. 그후 이라크의 제안에 따라 이라크가 점령한 이란 영토를 전면 반환하고, 이란측의 요구대로 샤트 알 아랍 수로의 중앙선을 국경으로 하는 것을 조건으로 양국은 국교를 회복하였다. 전쟁은 끝났지만 문제가 해결된 것은 아니었다.

이라크 · 이란 전쟁은 단순한 국경 분쟁은 아니다. 역사적으로는 메소포타미아로 대표되는 이라크와 페르시아로 대표되는 이란의 충돌이며 수니파와 시아파의 대결이라는 종교적 의미가 중첩된다. 또한 이라크 국민이 아랍족인 반면 이란 국민은 아리아족이라는 인종적 · 문화적 차이도 내포되어 있고, 이란 내의 아랍족과 이라크 내의 쿠르드족과 같은 소수민족 문제 등도 걸려 있다.

두 나라의 감정 대립에서 특히 중요한 것은 이슬람교를 나누

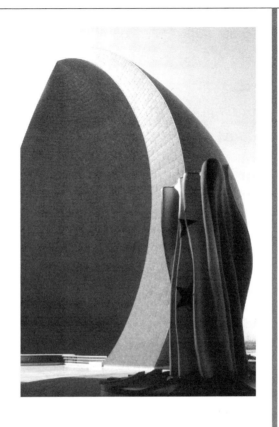

는 수니파와 시아파의 대립이다. 역사적으로 수니파와의 투쟁
에서 시아파는 권력의 그늘에 있는 박해의 대상이었다. 천년에
가까운 오랜 투쟁 속에서 수니파는 기존 질서와 국가를 상징하
게 됐고, 시아파는 변혁과 반란을 뜻했던 것이다.

　이라크 땅에 정통 칼리프제인 압바스 왕조가 들어섰을 때,
그 중심 세력은 수니파 이슬람이었다. 그러나 16세기 초에 사
파비 왕조가 이란에 등장하면서 시아 이슬람을 국교로 정했다.
이슬람 단일 공동체가 무너지고 시아파 이슬람 공동체가 이란

고원에 등장한 것이다. 사파비 왕조의 등장에 대해 역사가들은 이란 민족국가 이념이 시아 이슬람의 옷을 입고 나타났다는 해석도 내린다.

사파비 왕조는 수니의 땅 메소포타미아를 점령했고, 시아 이슬람의 출현에 대해 수니를 대표하는 오스만 제국은 이슬람의 단일성을 파괴하는 것이라고 반발하여 사파비 왕조를 정복한다. 이 기간 동안 바그다드는 내내 전쟁의 터전이 되었다. 또한 당시 오스만 투르크는 사파비 왕조를 의식해 수니 이슬람교도인 터키계와 아랍계를 결합한 오스만 제국을 확고히 했다. 결국 이란에 근거를 둔 사파비 왕조는 시아파, 오스만 투르크는 수니파로 나뉘어 대립 양상을 보이게 된 것이다.

이런 역사적 흐름은 이라크 국내 사정에도 그대로 잔존한다. 바그다드는 수니 이슬람이 정치적으로 완숙한 곳이다. 반면 시아파의 발생지는 이라크의 남부지방이었다. 이라크는 티그리스와 유프라테스 두 강이 흐르듯, 인구 구성상 북부의 수니파와 남부의 시아파가 백중세를 이루었다. 이라크 인구의 반쯤은 시아파를 따르며 주로 바그다드 이남에 살고 있다. 그들은 아랍어를 사용하는 아랍인들이다. 나머지 반쯤은 수니파로 주로 바그다드 이북에 살고 있으며 아랍인과 쿠르드족으로 구성돼 있다.

하지만 바그다드는 정통 칼리프 시대에 압바스 왕조의 수도였고, 오스만 제국의 통치를 받을 때까지 수니파 중심의 국가였다. 영국 통치 때도 이러한 상황은 그대로 유지됐다. 이라크의 상층부와 군부는 수니파로 구성됐다. 1958년 군부 쿠데타로 왕정을 타도한 이후에는 이런 현상이 더욱 두드러졌다. 따라서 시아파 출신 정치가들의 발판은 거의 없었다.

  이라크의 복잡성은 이 뿐만이 아니다. 이라크의 지도부는 수니파 이슬람이면서 사회주의를 지향하고 있다는 것이다. 몇몇 학자들은 이란은 시아파 원리주의, 이라크는 사회주의를 표방한 수니파 세속주의로 분류하기도 한다. 정통주의였던 수니파 이슬람의 세속화라는 표현은 이란과 이라크의 갈등, 그리고 이라크 내부의 문제를 극명하게 드러내준다. 지금 이라크에는 이러한 갈등의 핵이 숨겨져 있다.

그리고 바그다드

바그다드는 불타고 있다. 유라시아대륙을 손에 넣은 칭기즈칸의 손자 훌레구가 쳐들어왔을 때, 바그다드는 항전을 선택했고 초토화되었다. 그 후에도 영국의 식민지배와 걸프전 때의 총격과 폭격의 상흔이 가시지도 않았지만, 전쟁은 바그다드를 다시 찾아왔다.

황량한 사막인 듯 보이는 이라크 땅이지만, 그 속을 들여다보면 지금도 이 땅에는 10만 점에 달하는 유적지가 있다. 말 그대로 전 국토가 박물관이다. 저 유명한 이야기 모음집 '아라비안나이트'의 무대가 된 바그다드. "시인이 없는 나라에서는 결코 위대한 군주가 나올 수 없다"는 말을 남긴 위대한 시인의 땅.

그 땅의 한 소년은 걸프전에서 사용된 열화우라늄탄으로 백혈병을 얻어 짧은 생을 마감했다. 영국의 어느 작가는 소년에게 "열세 살의 나이에 이처럼 훌륭한 시를 썼다면, 스무 살이 됐을 때는 상상조차 되지 않는구나. 너는 이라크의 위대한 문학적 전통의 큰 부분으로 남게 될 것"이라고 말했다. 하지만 소년은 자신의 시집을 보지 못했다. 소년의 시 「신분증」은 슬픈 바그다드의 기록이다.

고통 학교
주의산만 반의
내 이름은 사랑.
슬픔 지구
비탄 시
참담 거리
한숨 1000번지가 내 집이라네.

바그다드는 7천년의 명예와 신성함의 전통을 갖고 있다. 미국의 공격은 그 평화의 도시에 대한 모욕이었다. 미국이 일으킨 전쟁은 후세인이 아닌 이라크와 바그다드를 공격하는 것이었다. 그럼에도 세계 각국의 눈동자는 불타는 바그다드를 외면한 체 서로 자기의 시각만으로 그 땅에서 일어날 내일의 이권에 군침을 흘리고 있다. 이라크 전쟁이 국제사회를 나눈 것은 전쟁이냐, 반전이냐의 선택이 아니라, 미국의 편에 서느냐, 반대편에 서느냐의 선택이었다. 프랑스도 유엔의 승인없이 아프리카에 자국민 보호를 위해 군대를 파견한 적이 있고, 체첸을 무자비하게 공격한 러시아와 독립을 요구하는 소수민족을 무자비하게 탄압하는 중국이 인권과 평화를 말할 자격이 있을까. 아라비아의 로렌스처럼 사막을 헤매이지 않아도 우리 앞에서 제국주의는 그 실체를 드러낸다.

인도적 이유를 내세워 전쟁을 반대했던 이들이 지금은 종전 후의 각종 이권사업에서 소외되지 않기 위해 미국의 비위를 맞추려고 노력하고 있다. 결국 이들 국가가 말하는 반전은 인권이

후세인의 얼굴이 새
겨진 이라크지폐.

나 평화의 실현이 아니라 미국의 독주를 견제하려는 의도였을
뿐이었다.

세계적 반전시위를 무시하고 시작된 이라크전쟁의 배경은
사실 단순하다. 물론 미국이 겪은 9 · 11 테러에 대한 인식차이
와 대처방법을 둘러싼 이해관계의 충돌이라는 전쟁명분에 대
한 논쟁이 빚어지기도 하지만, 중동의 석유에 걸린 이권이 이번
전쟁의 배경에서 빠질 수는 없을 것이다.

동구권과 소련의 붕괴 이후 세계 유일의 강대국으로 부상한
미국의 눈에 세계 석유보급의 주도권을 장악하고 있는 사우디
아라비아를 위시한 OPEC는 현실적인 걸림돌이었다. OPEC의
고유가 정책도 문제였지만, 무엇보다도 석유라는 무기는 미국
적 세계재편에 끊임없이 저항하는 과격 이슬람 세력의 실질적

에
필
로
그

243

인 지원자라는 생각을 미국은 오래 전부터 갖고 있었다.

미국의 3대 주력상품이라고 할 수 있는 무기와 식량, 달러는 현재의 세계질서 속에서 그 경쟁력이 떨어질 수밖에 없었다. 이 세 가지를 대체할 수 있는 상품으로 가장 적절한 것이 석유였다. 이라크전쟁을 통한 석유 보급권의 장악은 어쩌면 침체된 미국의 입장에서는 불가피한 선택이었을지도 모른다.

미국의 대표적 좌파 지식인이기도 한 노암 촘스키는 제2차 세계대전 이후 관행화 돼 온 미국의 개입 정책을 '국제테러리즘'이라는 비판적 용어로 규정지으며, 세계를 미국의 입김대로 조절하려는 외교정책을 비판했다. 그리고 『불량국가』라는 책에서는 "스스로를 국제질서에 구속되지 않는 것으로 간주하는 국가"도 깡패로 분류된다는 흥미로운 진단을 하고 있다. 당연히 유일한 초강대국 미국을 가리키는 말이다. 9·11테러가 벌어진 이후에 그는 "이번 테러는 의심의 여지없는 끔찍한 잔학행위"라고 규정하면서도 "이는 무력으로 지배국가들을 통제해 온 미국 강경 외교정책의 산물"이라며 미국의 자성을 촉구했다.

미국의 입장에서 9·11 테러는 과거 공산주의 팽창이나 위협보다 극단적이었다. 미국은 오랫동안 알 카에다와 과격 이슬람 무장단체를 주목하고 이들을 추적해 왔지만, 미국의 심장부에서 3천 명의 시민이 영문도 모르고 죽게 되는 상황을 막지는 못했다. 결국 미국은 테러 조직의 심장부를 도려내기 위해 전쟁이라는 외과수술을 선택했다. 그러나 누구도 그것만으로 국제 테러 위협이 완전히 사라질 것으로 보지 않고 있다. 알 카에다와 같은 조직이 배양될 수 있는 토양이 이번 전쟁으로 개선되리라고 생각하지 않기 때문이다. 따라서 이라크전쟁의 결과에 관계없이 앞으로 전후 중동지역의 상황에 따라 미국에 의해 정치적 회오리가 일어날 수 있다.

『뉴욕타임스』 칼럼니스트 토머스 프리드먼은 "전후의 이라크 정권이 이라크뿐 아니라 아랍권 전체로부터 합법성을 인정받는다면 전쟁의 정치적 목적은 달성되지만 그렇지 못하면 미국은 모래폭풍 속에서 길을 잃게 될 것"이라고 지적했다.

90년대 들어 이른바 사회주의 국가의 위협이 사라졌을 때, 미국은 새로운 국제적인 위협이 필요했다. 그래서 고안해낸 게 바로 "불량국가(깡패국가)"라는 개념이다. 여기에는 이라크, 리비아, 쿠바, 북한 등이 단골처럼 들먹여진다. 그들이 생각하는 위협의 내용은 어쩌면 정말 위험한 무기일지도 모른다. 쿠바 위협론을 제기한 슐레진저는 케네디 대통령에게 이렇게 보고했다.

자주적으로 문제를 해결하려는 카스트로 사상이 퍼져 나간다면, 이는 현재 다른 지역에서 인간다운 삶의 기회를 요구하는 가난하고 소외된·사람들을 자극할 지도 모른다.

그들의 속내가 어떤 지를 정확히 알 수는 없다. 미국의 국방장관 럼스펠드는 "오랜 압제에 시달리던 이라크 국민에게 조만간 자유를 선물하게 될 것"이라고 말하며 바그다드의 함락을 기정사실화 시켰다. 이라크 국민은 바그다드의 함락과 얼마가 될지 모르는 미국의 영향력 아래에 놓이게 될 상황에 처했다. 그리고 그들이 선사하는 자유가 누구를 위한 자유가 될 것인지도 모른 채 말이다. 바그다드에는 후세인이라는 독재자가 사라진다는 것 외에는 확실한 것은 아무것도 없다. 폐허가 된 도시에서 무장한 병사에게 다가가 무언가를 받고 좋아하는 이라크의 아이의 낯익은 얼굴과 숨가쁘게 돌아가는 월가의 증권시장을 함께 보여주는 뉴스가 아니어도 스스로 찾지 못한 자유의 대가가 얼마나 큰 것인가를 우리는 우리의 지난 현대사를 통해서 너무나 잘 알고 있다. 대가는 순전히 이라크 국민들의 몫이 될 것이다.

전쟁 후에는 세계질서가 크게 변할 것이고, 특히 중동 지역의 정치, 경제질서는 가히 혁명적 수준에서 변화를 겪을 것이다. 지금의 상황으로 미루어 새롭게 들어서는 정치세력은 친미적인 성격을 띄게 될 것이고, 국민들의 이슬람 정신은 친미적인 정권과 불화를 야기할 가능성이 높다. 전쟁의 충격과 후유증, 산업과 도시시설의 파괴에 의한 경제적 피폐로 인한 문제 역시 만만치 않다. 그리고 쿠르드족과 주변국가간의 문제, 유프라테스강 유역의 개발을 둘러싼 인근국가 간의 분쟁 등 지금까지 보류되어 있던 많은 문제들이 현실적인 문제로 부각될 것이다.

바그다드의 운명은 알 수 없다. 반전시위로도 인간방패라는 숭고한 희생정신으로도 전쟁을 막지는 못했다. 어쩌면 세계는 이미 그런 시대가 아닐지도 모른다. "전쟁은 단지 정치의 연속"이란 클라우제비츠의 말처럼 우리가 신문이나 CNN 생방송에 액션영화를 보는 것처럼 빠져 있거나, 이라크 국민들에 대한 막

연한 동정심에 빠져 있는 순간에도, 정치는 우리의 순진함을 비웃으며 계속되고 있을지도 모른다. 이제 신의 뜻만을 기다릴 뿐이다. 아랍의 시인 아마드 샤물루는 그것을 '희망' 이라고 했다.

어린이의 이름은 희망이다.

에필로그

지평선을 향하여

그 날이 오면 우리의 비둘기를 다시 찾으리라.
그리하여 다정하게 아름다운 여신의 손을 잡으리라.
그 날이 오면 가장 짧은 노래는 키스와 같고
그리고 모든 사람은
다른 모든 사람과 형제가 되리라.

그 날이 오면 사람들은
자기 집의 문을 걸어 잠그지 않고
자물쇠는 먼 전설 속의 이야기가 되리라.
사람의 가슴 마다에는
인생의 기쁨이 충만하리라.

그 날이 오면
모든 이야기를
마지막 말까지 들을 필요가 없으리라.
그 날이 오면 모든 말의 리듬은
인생으로 충만해
나 또한 운을 맞추어
나의 마지막 시를 쓰려고 할 까닭이 없으리라.

그 날이 오면 모든 입술은

노래가 되고
가장 짧은 노래는 키스가 되리라.
그 날이 오면 그 날이 오기로 되었다면
영원히 와서 임하거라.
그리하여 친절함이 아름다움과 하나를 이루리라.

그 날이 오면 다시
우리는 곡식 낟알을 흩뿌려
우리의 비둘기를 찾으리라.

나는 그 날을 위하여 기다리고 있다.
비록 그 날이 올 적에
나
이 세상에 존재하지 않을지라도.

바그다드 연표

기원전

5000	남부 메소포타미아에 우바드 문화 발생
3500	수메르 도시문명의 개시. 최초의 문자 출현(설형문자)
3000	도시국가 키시의 왕 에타나 수메르 전체의 지배권 확립
2800	우루크 길가메시 치세
2450	도시국가 라가시의 왕 에안나툼 수메르 통일
2300	움마의 루갈 자시기 지중해 일대 장악
	아카드의 왕 사르곤 대왕의 움마 점령
	페르시아에서 지중해까지 최대판도 형성
2200	이란고원의 구티움족 아카드 침입
2100	우루크의 우투헤갈이 구티움족 정벌
	수메르의 시대 부활
2093	우르의 우르남무왕 집권, 지구라트 건설
2000	엘람인의 침입, 수메르 멸망
1850	아모리인 족장 스무아붐이 바빌로니아 시대 개막
1750	함무라비 즉위, 함무라비 법전 제정
1708	함무라비 사망
1600	히타이트의 침입으로 제국 쇠퇴
	카시트인에 의해 구(舊)바빌로니아 제국 멸망

750	대(大)자브강의 싸움에서 우마이야군 패배. 우마이야 왕조 멸망
	압바스 왕조 성립(~1258). 바그다드 이슬람 세계의 중심지로 부상
751	탈라스 전투에서 당군(唐軍) 고선지 이슬람 연합군에 패배
836	이슬람 제국의 알 무타심, 사마라로 천도
932	부와이흐 왕조 성립(~1055)
1037	투그릴 베크 즉위(~1063), 셀주크 왕조 시작
1055	셀주크 왕조의 투그릴 베크, 바그다드 침공. 칼리프로부터 술탄의
	칭호를 받고 이란·이라크를 지배
1060	시리아를 둘러싸고 셀주크 왕조와 파티마 왕조 사이의 항쟁 격화
1099	제1차 십자군 예루살렘을 점령
1187	살라딘, 예루살렘을 십자군으로부터 탈환
1250	이집트에 맘룩 왕조 시작(~1517)
1258	몽골군 훌레구의 바그다드 침입. 압바스 왕조 멸망. 일칸국 건설
1260	맘룩 왕조, 시리아에서 몽골군 격퇴
1291	맘룩 왕조 십자군의 예루살렘 왕국을 멸망시킴
1299	오스만 투르크 제국 건설
1308	셀주크 왕조 멸망
1370	티무르(재위~1405), 중앙아시아를 통일하여 티무르 왕조 시작
1381	티무르, 시리아 정복
1394	오스만 투르크의 바야지드 1세, 정식으로 '술탄'이라 칭함
1402	티무르의 바그다드 침략

1405	티무르 사망.
1453	오스만 제국 콘스탄티노플을 공략. 동로마 제국 멸망
	오스만 투르크 제국이 일칸국을 점령. 바그다드 1917년까지 오스만의 지배를 받음
1502	이란에서 이스마일 1세 즉위(재위~1524). 사파비 왕조 창건
1506	티무르 왕조 멸망
1508	사파비 왕조의 이스마일 1세 바그다드 점령
1517	맘룩 왕조 멸망하고 술탄 칼리프제 성립
1520	오스만에서 슐레이만 1세 즉위(재위~1694). 오스만 투르크의 전성기를 맞음
1534	슐레이만 바그다드 재탈환
1736	사파비 왕조 멸망
1869	수에즈운하 개통
1914	영국의 타운센드 이라크 바스라 점령
1915	독일 육군 원수 골츠, 영국의 타운센드군 대파
1917	영국군 스텐리 모드의 4만 병력이 바그다드 점령
1920	시리아와 이라크, 영국의 위임 통치 받음
1925	이라크 헌법 승인
1932	이라크 완전 독립. 이라크의 국제연맹 가입
1941	제2차 대전 중에 독일 편에 가담하였다가 영국에 재점령
1958	카셈 혁명으로 군주제가 무너지고 공화정 성립

1968	사회주의 바트당 집권
1979	사담 후세인 이라크 대통령 취임, 이란 호메이니 혁명
1980	이란 침공으로 전면전 돌입
1984	이라크와 미국, 17년 만에 외교관계 재개
1988	이란 · 이라크 휴전
1990	이라크, 쿠웨이트 침공
1991	걸프전쟁 발발. 미군, 이라크 바그다드 공습
1993	이라크 휴전 선포
2003	이라크전쟁

슬픈 바그다드
7000년 수난과 저항의 역사

권삼윤 지음

초판 1쇄 발행 2003년 4월 28일

기획 편집 이덕완 박일구
마 케 팅 강병찬
펴 낸 곳 꿈엔들
펴 낸 이 이승철
출판 등록 2002년 8월 1일 등록번호 제 10-2423호
주소 121-865 서울 마포구 연남동 229-13
전화 02) 332-4860 팩스 02) 332-4861
E-mail: dreamnfield@hanmail.net

값 8,500원

ISBN 89-90534-01-1 03910